맨박스 : 남자다움에 갇힌 남자들

초판 발행 2016년 8월 10일
개정판 발행 2019년 5월 22일
개정판 4쇄 발행 2021년 2월 20일

지은이 토니 포터 / **옮긴이** 김영진

펴낸이 조기흠
편집이사 이홍 / **책임편집** 송지영 / **기획편집** 이수동
마케팅 정재훈, 박태규, 김선영, 홍태형, 배태욱 / **디자인** [★]규 / **제작** 박성우, 김정우

펴낸곳 한빛비즈(주) / **주소** 서울시 서대문구 연희로 2길 62 4층
전화 02-325-5506 / **팩스** 02-326-1566
등록 2008년 1월 14일 제25100-2017-000062호

ISBN 979-11-5784-335-0 03300

이 책에 대한 의견이나 오탈자 및 잘못된 내용에 대한 수정 정보는 한빛비즈의 홈페이지나
이메일(hanbitbiz@hanbit.co.kr)로 알려주십시오. 잘못된 책은 구입하신 서점에서 교환해드립니다.
책값은 뒤표지에 표시되어 있습니다.

⌂ hanbitbiz.com ▯ facebook.com/hanbitbiz ▯ post.naver.com/hanbit_biz
▶ youtube.com/한빛비즈 ▣ instagram.com/hanbitbiz

지금 하지 않으면 할 수 없는 일이 있습니다.
책으로 펴내고 싶은 아이디어나 원고를 메일(hanbitbiz@hanbit.co.kr)로 보내주세요.
한빛비즈는 여러분의 소중한 경험과 지식을 기다리고 있습니다.

맨박스

MAN BOX

남자다움에
갇힌 남자들

토니 포터 지음
김영진 옮김

HB 한빛비즈
Hanbit Biz, Inc.

나의 어머니 마리 넬슨 포터 여사께 이 책을 바칩니다.

CONTENTS

어머니가 알려주신 남자다움

사람들은 남자가 여성 폭력에 반대한다며 나서는 걸 별로 좋아하지 않는다. 이런 행동은 사회적으로 학습된 '남자다움'과 거리가 멀기 때문이다. '남자다움'의 기준에 따르면 남자는 자신이 사랑하고 아끼는 특정 여성 이외의 다른 여성에게는 무관심해야 한다. 공개적으로 여성을 지지하는 목소리를 내는 것은 남자답지 못한 행동이다. 그럴 때마다 나는 스스로에게 물었다. '난 어쩌다가 이 일을 하게 된 걸까?' 어느 날 아침 눈을 뜨면서 '그래, 이건 나의 사명이야!' 하는 계시라도 받았다고 우기고 싶지만 안타깝게도 그런 일은 없었다. 대신에 나는 삶 곳곳에서 만난 여성들로부터 영감을 받았다. 그들은 진정한 남성의 역할과 책임이 무엇인지를 알려주고 격려해주었다.

　사람들은 내게 종종 이런 질문을 던진다. 남자를 대상으로 여성 폭력 근절 운동을 시작한 계기가 뭔가요? 혹시 어렸을 때

안 좋은 일을 당했나요? 부친께서 폭력적이었습니까? 본인이 폭력을 휘두른 적이 있습니까? 성적 학대를 받았나요? 그들의 예상과 다르게 이 모든 질문에 대한 나의 답은 "No"다. 그나마 직접적인 경험이 있다면 내 어머니가 당신의 사춘기 시절, 아버지(나의 조부)에게 성적 학대를 당했음을 안다는 것이다. 하지만 어머니가 이 사실을 털어놓은 건 내가 이 일을 시작한 다음이었다.

인종차별을 비롯한 각종 집단 차별에 대한 사회 구조적 문제를 오랫동안 지적해왔지만 나조차도 성차별에 대한 관심은 그만큼 크지 않았음을 고백한다. 그러나 뉴욕 브롱크스 북쪽 지역의 작은 커뮤니티에서 활동을 시작하면서 모든 것이 변했다. 그 커뮤니티는 남성 중심주의가 어떤 방식으로 가정 폭력과 성폭력에 영향을 미치는지를 알리는 곳이었다. 그곳의 활동가들을 비롯해 뉴욕 주에서 만난 여성들이 내 시도에 조금씩 관심을 보이기 시작했다. 물론 처음부터 쉬웠던 것은 아니다. 어쩌면 그들에게 나의 존재는 또 하나의 난관이었을지도 모른다. 하지만 그들의 노력은 남성성에 대한 나의 인식을 완전히 바꾸어놓았다. 그것은 기존 관념에서 깨어나는 새로운 경험이었다.

흥미롭고 의미 있는 대화가 끝나면 나를 돌이켜보는 시간을 가졌다. 수없이 많은 여성들이 내게 시간과 열정, 지혜를 투자했고 그 결과 나는 사회가 강요하는 남성성의 정의를 돌이켜볼 수 있었다. 학생이 된 것처럼 배울 게 태산이었다. 이런 나조차 여성을 무시하고 억압해온 남자 중 하나라는 사실을 이해하고 인정하는 건 어려운 일이었다. 나야말로 '선한 남자'였기 때문이다. 여성을 때리거나 의도적으로 상처 주지 않는 착하고 평범한 남자 말이다. 우리 선한 남자들은 자신이 여성 폭력을 조장하는 문화에 어떻게 기여한다는 건지 이해하기 힘들다. 실제로 나도 그 가르침에 반발한 적이 있다. (이런 반발은 인종, 사회 계급 등 사회에서 지배적 위치에 있는 이들이 자주 보이는 반응이기도 하다.) 하지만 이런 나를 인내해준 그 여성들 덕분에 여성 폭력을 멈추고 바람직한 남성상을 알리는 데 왜 남성들의 참여가 필요한지를 깨달을 수 있었다.

이 책은 남자들에게 남자로서 가질 수 있는 훌륭한 자산(매사에 성실하고 가족을 돌보는 남편이나 남자 친구, 또는 아버지로서의 자긍심)은 지키되 남성성에 대한 잘못된 인식을 돌아보라는 당부를 담고 있다. 우리가 알고 있는 남성성 속에는 분명 남성 자신의 행복을 해치고 여성 폭력 문화를 조장하는 측면이 있다. 우리는 이러한 남성성의 그늘을 다시 생각할 필요가 있다.

이 책을 쓰게 된 동기에는 나의 어머니 마리 넬슨 포터 여사가 있다. 물론 성평등을 이루고 인류애를 널리 알리고 싶다는 이유도 있었지만, 이 책으로 어머니의 삶을 축복하고 싶었던 이유가 가장 크다. 어머니는 나의 형제, 특히 여자 형제에게 매우 특별한 존재였다. 어머니 덕분에 나는 아주 어려서부터 여성들이 믿기 힘들 정도로 용감하고 특별하다는 걸 깨달았다. 하나하나 말로 설명할 수는 없지만 내 모든 장점과 재능이 어머니의 가르침에서 왔다고 믿는다. 2000년 3월 13일 저녁, 어머니가 세상을 떠난 그 순간부터 나는 남은 인생을 어머니의 삶을 축복하는 데 바치겠다고 결심했다. 이 책은 어머니께 바치는 선물이다.

CHAPTER 1

당신은
착하고 평범한
남자가 아니다

모든 문제는
남자가 모든 상황을
통제할 수 있다는
착각에서 비롯된다.

MAN BOX

여러분은 지금쯤 '내가 대체 이 책을 왜 집어 들었나' 묻고 있을 것이다. 당신은 스스로를 '착한' 남자라고 생각한다. 최소한 당신은 여자에게 손을 대는 그런 나쁜 놈들과는 질적으로 다르다. 당신은 절대 누군가를 성폭행하거나 여자 친구 혹은 아내를 때릴 사람이 아니다. 여동생이나 어머니가 다른 남성에게 위협을 받는다면 당장 나서서 그 자식에게 주먹을 날릴 거라 다짐하는 당신이다. 아무리 생각해도 뉴스에 나오는 그 범죄자와는 다르다. 그래서 '이 책이 대체 나랑 무슨 상관이람?' 싶을 것이다.

하지만 나는 이 책이 바로 당신 같은 사람을 위한 것임을 명확히 하고 싶다.

당신은 선한 의도를 가진 남성이며, 어쩌면 자신이 여성 폭력 문제를 근절하는 해법의 일부가 될 수 있다고 생각한다. 당신은 선의를 가진 남성이기에 여성이 존중받아 마땅하다고 믿는다. 특히 아내나 여자 친구, 어머니, 딸아이를 생각하면 더욱 그렇다. 이러한 남성들은 흔히 '착한 남자' 소리를 듣는다. 그들은 여성이 남성과 동등한 대우를 받아야 하며 여성 학대는 용납할 수 없는 행위라고 말한다.

하지만 이런 '착한 남자'들도 인지하지 못하는 게 있다. 그것은 남자들만의 특권과 그릇된 남성성의 사회적 학습이 가정 폭력, 십대 데이트 폭력, 성폭력, 성매매 그리고 여성에 대한 사회 전반적인 적대감을 불러일으켰다는 점이다.

내 목적은 착한 남성들을 비난하는 것이 아니다. 남성을 공격한다고 해서 여성에 대한 학대가 멈추지 않는다는 걸 잘 알고 있다. 나는 남성들이 지금껏 어떤 식으로 문제의 원인이 되어 왔는지를 알리고 싶다. 대부분의 남성이 착한 심성을 갖고 있다 해도 이들 또한 일련의 사회화 과정을 거치게 된다. 그 결과 사회적 교육의 가르침대로 남성 중심주의, 여성의 비인격화, 여성 학대의 주범이 되고 만다. 이런 사회적 학습 과정은 눈치 챌 수 없을 만큼 조금씩 그리고 꾸준하게 이뤄진다. 이렇게 학습된 행동들은 매우 자연스럽게 일상으로 파고들 뿐만 아니라 사회적으로도 널리 용납되어 우리는 의문을 제기할 필요조차 느끼지 못한다.

나 역시 그 비판에서 자유로울 수 없다. 나 역시 불완전한 인간이고 그저 꾸준히 배움을 이어가는 평범한 남성 중 하나일 뿐이다. 여성 폭력 근절 운동에 나서기 전까지는 내가 성차별주의자일 리가 없다고 생각했다. 가끔 내가 하는 행동이 성차별적이라고 주변 여성들이 지적할 때면 굉장히 기분 나빴다. 내가 어떤 사람인지 몰라서 그래. 나는 절대 성차별주의자가 아닌데 저 여자들이 뭘 몰라서 하는 소리야. 내가 거세게 항변해도 그들은 내 말에 쉽사리 수긍하지 않았다.

내가 뉴욕 주에서 활동할 때로 돌아가 보자. 난 약물중독 연구 분야에서 꽤 잘 알려진 트레이너로 활동하고 있었다. 내 트레이닝 대상은 약물중독 치료 전문가와 학생들이었는데 약물에 의존하는 환자들을 효과적으로 도울 방법을 찾아야 했다. 우리는 환자들에게 최적화된 도움을 주기 위해서 다양한 요소들에 관해 토론했는데 인종, 사회 계급, 주거지역, 출신 문화권 등이 고려 대상이었다. 이윽고 '여성들의 문제'를 논의할 차례가 되었을 때, 난 인종이나 사회계층 문제를 다룰 때와 달리 큰 비중을 두지 않고 넘어가려 했다.

그러자 그룹 내 여성 전문가들이 내게 '여성이기에' 겪는 문제들의 본질을 파악할 필요가 있다고 역설했다. 여성들의 문제를 이해하지 못한다면 내가 인종차별에 대한 교육을 할 때 그것이 유색인종 중에서도 여성에게 어떤 영향을 미치는지 효과적으로 분석할 수 없다는 논리였다. 마찬가지로 빈부 격차에 대해 가르칠 때 빈곤층 여성들의 경험을 이해해야만 빈부 격차에 대해 깊이 있는 논의가 가능하다고 주장했다. 그렇다면 빈곤층 유색인종 남성 집단을 돕는 것과 빈곤층 유색인종 여성 집단을 돕는 것은 어떤 차이가 있을까? 이런 질문들을 던지자 새삼 나는 아직 멀었구나 하는 생각이 들었다. 남성 중심주의 사회에서 여성들이 겪는 삶을 이해하려면 먼저 내가 남성성에 대해 어떻게 가르쳐왔는지부터 점검해야 했다.

이후 약 5년간 나는 성차별과 남성 중심주의를 연구하는 데 골몰했다. 남성성의 집단 사회화 과정을 이해하고 이를 비판적으로 분석하는 방법도 개발하기 시작했다. 그리고 그제야 비로소 깨닫게 되었다. 남성 위주로 돌아가는 성차별 사회야말로 가정 폭력, 성폭력 그리고 모든 여성에 대한 폭력과 학대의 근원이었다.

이때부터였다. 내 앞에 놓인 도전 과제들은 명확했다. 남성들은 남자다움을 집단적으로 배워왔다. 이를테면 남자는 여자와는 다른 행동을 하고 다른 모습을 유지해야 한다거나, 개인적으로 관계를 맺은 몇몇 여성을 제외하고는 아예 관심을 두지 않는 것이 바람직하다고 교육받아왔다. 이는 남자가 악하거나 매정해서가 아니다. 모든 남성들이 이런 남자다움의 정의에 일관적으로 동의한다는 말도 아니다. 내가 말하고 싶은 건 대다수의 남성들이 이처럼 집단적인 강요를 통해 남자다움의 정의를 인식하고 있다는 점이다.

남자다움이 집단적으로 강요되는 방식을 살펴보자. 우리는 성인 남성 혹은 남자아이들이 이성에게 관심을 가지는 상황에서 그 관심의 주목적이 성적인 욕구가 아니라고 판명되면 그들의 남자다움을 의심하기 시작한다. 이것은 남성성의 사회적 기준이 극단적인 이성애 우월주의적 발상과 호모포비아를 반영하고 있음을 보여준다. 더 나아가 남성성의 집단 사회화 교육은 여성을 남성보다 가치가 낮은 열등한 존재라고 가르치며 여성은 남성의 소유물이자 성적인 대상이라고 설명한다.

상황을 파악하자 이제 가장 어려운 질문에 답해야 했다. 이렇게 뿌리 깊은 인식을 바꾸려면 어떤 방식으로 남성들의 적극적인 참여를 유도해야 할까? 어떻게 이야기해야 애정을 담아서 존중하는 마음으로 접근하면서도 그들의 책임에 대해서는 엄격하게 소통할 수 있을까? 난 다행히도 다른 남성들에게 인정받는 남자로 살았고 상대방에게도 언제나 존중하는 태도를 보였기에 누군가에게 대놓고 무례한 취급을 받은 경험은 많지 않았다. 그렇게 점차 많은 수의 남성을 그릇된 남자다움에서 벗어나도록 유도하면서 나는 상대방을 존중하는 대화법을 갈고 닦을 수 있었다.

남자들과 대화하기 위해서는 그들의 현재 수준에서 시작하는 게 매우 중요하다. 남성들이 이런 이슈에 대해 높은 경각심을 갖고 있을 것이라는 지레짐작은 금물이었다. 그리고 상대방의 관점과 의견에 공감하기 힘든 순간에도 애정을 가지고 있다면 그들을 리드할 수 있다는 걸 깨달았다. 남성들과의 세션 도중에 그들이 과격한 발언이나 행동을 하더라도 나는 여전히 애정을 담아 그들의 잘못을 짚어냈다. 내 목표는 남성들에게 성공적으로 메시지를 전달하는 것이지 그들이 방어적으로 저항하고 심리적으로 도망치게 만드는 것이 아니었기 때문이다. 남성의 참여를 유도하는 유용한 방법 중 하나는 바로 그들이 사랑하고 아끼는 여성들의 관점과 그녀들의 삶을 떠올려 보게 하는 것이었다. 나의 교육 모토는 이랬다. '남성들의 마음을 먼저 얻자. 그리고 세션을 통해 남성들이 이전에는 몰랐던 무언가를 배우고 느끼게 하자.'

이제 남성이 연대적 책임감을 느낄 때가 됐다. 남성이 나서서 해법의 일부가 되어야 한다.

솔직함의 가치

남성의 참여를 유도하는 매우 중요한 요소이자 필수 조건은 바로 솔직함이다. 솔직함이 중요하다고 깨닫게 된 이유는 이렇다. 사회적으로 학습된 남성성의 중심에는 모든 상황을 스스로 통제하고자 하는 욕구가 있다. 통제의 반대 개념인 감정적 나약함(vulnerability)은 남자다움의 척도 즉 '맨박스'와 크게 어긋나서 절대 용납되지 않는다. 그래서 남성들에게 자신의 경험을 공유해달라고 요청하는 것은 그들에게 자신의 나약한 모습을 보여달라는 요구처럼 느껴진다. 남성들에게 그런 솔직함을 요구하려면 나부터 나약한 모습을 보여주어야 했다. 상대방 남성에게 솔직함을 기대하기 이전에 내가 솔선수범하는 것이 중요했다. 이 깨달음 이후로 난 내 경험을 다른 남성에게 들려주기 시작했고, 그 과정에서 나 또한 어떻게 남자다움을 사회적으로 교육받아왔는지 깨우칠 수 있었다. 그것은 마치 지금까지 겪어 온 일들을 새로운 렌즈로 들여다보는 기분이었다. 당시에는 이해하기 힘들었던 에피소드의 의미를 다시 깨닫게 되었다.

사회적으로 학습된 남성성이 한 사람의 삶에 어떤 영향을 미치는지를 보여주는 일화가 있다. 아버지와의 추억이 바로 그런 경우다. 나의 남동생 헨리는 고작 십대의 나이에 불의의 사고로 세상을 떠났다. 헨리의 장례식은 뉴욕 시에서 자동차로 두 시간가량 떨어진 롱아일랜드에서 진행되었다. 말로 표현하기 힘들 만큼 슬픈 순간이었다. 헨리를 땅에 묻고 우리 가족은 리무진 운구차에 올랐다. 도시로 되돌아가는 긴 여정을 앞두고 운전사는 우리 가족이 화장실에 다녀올 수 있도록 잠시 멈춰 섰다. 어머니와 누이들이 차에서 내리고 나와 아버지만 리무진에 남았는데 아버지가 갑자기 울음을 터뜨렸다. 당시 나는 스물한 살이었는데 그때까지 아버지가 우는 모습을 단 한 번도 본 적 없었다. 아버지는 내 앞에서 눈물을 보이는 걸 싫어하셨지만 그렇다고 집에 돌아갈 때까지 끓어오르는 슬픔을 참아내기는 역부족이었던 것이다. 아버지는 차라리 어린 아들 앞에서 감정을 드러내는 게 여자들 앞에서 우는 것보다 낫다고 생각하신 게 아닐까? 아버지는 고작 10분 전에 어린 아들을 땅에 묻었다. 나로서는 상상하기 힘든 고통이다. 그날의 기억은 아직도 머릿속에 선명하다. 아버지는 곧 내 앞에서 눈물을 보인 것에 대해 사과하셨다. 그리고 울음을 참아낸 내가 자랑스럽다고 칭찬하셨다.

나는 그런 아버지의 행동이야말로 사회적으로 학습된 남성성의 단면을 적나라하게 보여준다고 생각한다. 남성들은 남 앞에서 감정을 드러내는 것에 대한 두려움에 사로잡혀 있다. (분노를 표현하는 것만은 예외다.) 우리는 남성으로서 감정을 공유하거나 내보이는 건 나약함의 증거라고 배웠다. 남자는 강하고 여자는 약하다고 배웠다. 분노를 제외한 모든 감정은 억누른 채로 살고, 아무리 힘들어도 약한 모습을 보이지 말라고 배웠다. 우리가 배운 '남자'가 되는 법의 대부분은 여성의 성향이나 관점이라고 생각되는 것들로부터 거리를 두는 데서 시작된다. 남자다움의 정의를 여성과 차별되는 성향으로 구분 짓는다. 남성들은 이렇게 여성들로부터 거리 두기 과정을 학습하고 그 결과 여성들의 체험에 좀처럼 관심 갖지 않는 이른바 '관심 결핍 상태'에 빠지게 된다. 그리고 이런 무관심이 여성 폭력을 용인하는 문화의 주된 원인이 된다.

남자들은 지금껏 가정 폭력, 성폭력 그리고 여성 학대와 같은 범죄들이 그저 '여자들의' 문제라고 배웠다. 그렇기에 이런 문제에 대한 논의가 필요하다는 인식조차 없었다. 남성들은 여성 폭력 문제를 남성 중심주의 관점에서 바라보기 때문에 자기 자신 또는 다른 남성들에게 책임을 묻지 않는다. 그나마 다행인 것은 대부분의 남성들이 여성들을 일부러 해하려 하지 않는다는 사실이다. 남성 자신의 행동이 다른 폭력적인 남성에게 면죄부를 준다는 사실을 모르는 경우도 허다하다. 일반적인 남성들은 남들이 하는 대로 문제의식 없이 지낼 뿐이다. 그들은 이미 사회에서 지배적인 위치에 있으므로 스스로가 여성의 삶에 어떤 영향을 미치고 여성이 바라보는 남성의 모습이 어떤지 쉽게 자각하지 못한다.

여성의 삶에 수반되는 고통을 공감하려는 남성의 의지가 일정 수준을 넘어서지 못하는 것 또한 문제를 악화시키는 요인이다. 성차별과 남성 중심주의의 실상을 깨달으려면 여성의 말에 귀 기울이는 것이 중요하지만 그마저도 남성들은 달가워하지 않는다.

여성의 목소리에 귀 기울이지 않는 남성의 비중은 예상보다 훨씬 높은 편이다. 남성들은 의식적으로 또 무의식적으로 여성들의 말을 못 들은 체하는데, 대개 '여자들은 원래 말이 많아' '여자들은 늘 불평불만만 가득해' 같은 식으로 정당화하곤 한다. 그러다 보니 여성들이 가정 폭력이나 성폭력 문제에 대한 목소리를 낼 때도 그 소리를 듣고 싶어 하지 않는다. 하지만 나의 경험상 여성들의 조언을 참고하고 그들의 말에 귀 기울이는 것은 여성 폭력 문제 해결에 큰 역할을 한다. 여성들은 오래전부터 남성들에게 자신들의 목소리를 들어달라고 요청해왔다. 이제 남성들이 바뀌어야 할 때다.

따지고 보면 이것은 인류애 차원의 일이다. 이것은 성별에 따라 구분되는 이분법적인 역할론에서 벗어나고자 하는 노력이다. 인류애 넘치는 세상 속에서는 모든 이가 남의 눈치를 보지 않고 자신의 색깔을 내면서도 사랑받고 존중받으며 안심하고 살 수 있다. 이런 인류애 차원의 목표를 달성하려면 여성들의 가이드가 필요하다.

우리 사회는 아직도 남성이 저지르는 여성 폭력 문제를 여성들의 손에만 맡겨놓고 있다. 내가 강의를 하러 가는 곳들도 열에 아홉은 그 조직의 여성 누군가에게 초대를 받아서 가는 경우다. 나를 초대하는 여성들은 와서 남자들에게 이야기를 좀 해달라고 부탁하곤 한다. 이 책 역시 여성 누군가가 골라서 남성에게 선물했을 가능성이 크다. 남성이 스스로 서점에서 이 책을 발견하고 흥미를 느껴 구매했을 가능성은 훨씬 낮다. 그리고 자신의 남자 친구나 아들, 아버지, 오빠, 직장 동료에게 이 책을 선물한 여성이라면 이렇게 책 소개를 해야 한다는 사실도 알고 있을 것이다. "이 책 한번 보세요. 그냥 휙 읽을 수 있는 짧은 책이거든요. 두껍지도 않죠? 재미있는 얘기도 많아요." 이렇게 가볍게 소개하지 않는 이상 남성들 대부분이 이 책을 열어보지 않을 것을 이미 알고 있기 때문이다.

나는 이 책이 남성들에게 남성성의 사회화를 더욱 잘 이해하고 검증하는 계기가 되기를 바란다. 대부분의 선량한 남성들조차 자기도 모르게 여성 폭력을 조장하는 사회 문화를 만드는 데 일조하고, 그런 문화가 마치 표준인 양 지속시키는 역할을 하고 있음을 기억하자. 남자가 가진 장점도 있지만 그렇다고 완전무결한 존재는 아니라는 점을 인정해야 한다.

남성들이 '나는 여성에게 주먹을 휘두르는 놈들과 다르다'고 애써 자신을 차별화하는 이유를 곰곰이 생각해보았으면 한다. 남자들은 스스로를 선한 남성이라 여기고 여성을 학대하는 이들은 마치 짐승인 양 취급한다. 하지만 그것은 그들을 비방함으로써 자신은 근본적으로 다르다는 주장에 불과하다. 우리는 가해 남성의 폭력성을 정신병이나 가족력 탓으로 돌리고, 약물중독이나 분노조절장애의 결과로 치부함으로써 '일부 문제적 남성'들을 교화시킬 방법에만 집중한다.

그러나 아이러니하게도 폭력의 이유는 다른 데 있다. 남자들이 꾸준히 이런 이유를 강조하는 것은 '선한 남성'은 '나쁜 놈'과 근본적으로 다르다고 주장할 근거가 되기 때문이다. 자신이 선량하다 믿는 남성들의 입지를 굳히는 방편이랄까? 하지만 이런 차별화 때문에 남성들은 여성 폭력 문제가 일부 '나쁜 놈'들만의 문제가 아닌, 폭넓은 남성 중심주의와 성차별이 빚어낸 현상이라는 점을 간과하고 만다. 남성들의 성차별적인 발상이 폭력 문제에 기여한다는 점을 인정해야만 비로소 모든 남성들이 이 문제에 책임이 있다는 것을 이해할 수 있다.

폭력적인 남성은 우리 같은 평범한 남성들로부터 자신이 저지른 나쁜 행동에 대한 면죄부를 받는다. 남자들이 '나쁜 놈'들을 용서하는 방식에는 여러 가지가 있다. 아무 말도 하지 않는 것, 간섭하지 않고 자기 일에나 신경 쓰는 것이 이에 속한다. 남자들이 남의 가정 폭력 문제에 개입하기를 거부하는 저변에는 여성이 남성의 소유물(그 사람의 아내 혹은 여자 친구)이라는 인식이 깔려있다. 남성들이 침묵을 지킬 때 그 침묵은 폭력적인 남성에 대한 면죄부로 작용하고 결과적으로는 남성들이 자기 행동에 책임을 지는 문화를 정착시키는 데 방해물로 작용한다.

이 모든 내용을 지금 당장 받아들이는 건 무리라고 생각하는 독자들이 더러 있을 것이다. 하지만 걱정할 필요 없다. 독자들은 나와 함께 한 걸음씩 차근차근 문제를 살펴볼 것이다. 이 책에는 내 개인적인 경험도 있고 수많은 남성들이 나에게 들려준 이야기도 등장한다. 이 책은 내가 지난 십여 년간 보통의 남성들과 나눈 이야기들로부터 시작되었다. 내가 만난 다양한 연령대와 사회적 배경, 교육 수준, 가정환경을 가진 남성들의 공통점은 무엇일까? 모두 선한 의도를 가진, 마음씨가 착한 남성이라는 점이다. 책을 집어 든 여러분처럼 말이다.

우리의 아이들이 앞으로 살아갈 세상의 모습은 여러분의 손에 달렸다. 우리가 상상하는 그 세상에서 남성들이 어떻게 행동하는지도 마찬가지다. 여러분의 참여가 절실하다. 나를 비롯한 모든 남성들이 서로를 도와가며 우리 아들들을 어떻게 올바르게 키울 것인지, 진정한 남자다움이란 무엇인지 함께 고민해야 한다. 아들에게 언제나 공격적이지 않아도 괜찮다고, 남자가 감정을 표현하는 것은 잘못된 행동이 아니라고 알려주면 어떨까? 남자가 성평등을 주장한다고 해서 색안경을 끼고 볼 필요가 없다고 말해보자. 여자아이와 그냥 친구로만 지내도 괜찮다고 알려주자. 우리 아들들이 다양한 감정을 가진 온전한 인격체로 자라나도록 안심시켜주자.

남성들이 경직된 성역할에서 벗어나야만 여성들도 자유로워질 수 있다. 난 이 책을 읽는 남성 독자에게 스스로가 소위 '착한 남성'으로서 이 사회에 어떤 역할을 하는지 곰곰이 생각해 볼 것을 권하고 싶다. 그리고 주변의 다른 착한 남성들에게도 동참하기를 권했으면 한다. 모두의 힘을 합치면 우리가 꿈꾸는 세상을 만들 수 있다. 모든 성인 남성과 남자아이가 상냥하고 신사적이며 모든 여성이 안전하고 소중히 여겨지는 그런 세상 말이다. 우리는 지금껏 이 과제를 미뤄 왔다. 이제는 변화를 시작할 때다.

CHAPTER 2

여자의 일생은
남자의 그것보다
가치가 낮을까?

소년들이 배우고 있는
'남자다움'은
얼마나 위험한 것인가.

MAN BOX

사회적으로 강요된 남성성 규범인 맨박스를 통해 소년들은 '진짜' 남자란 이런 것이라고 배운다. 맨박스의 가르침에 별다른 의문을 제기하지 않은 채 배운대로 행동하는 이들 대부분은 사실 평범한 남성일 확률이 높다. 대부분의 남성들은 맨박스에 따른 주장과 행위들이 우리 사회를 여성 폭력 문제의 온상으로 만든다는 걸 깨닫지 못한다. 맨박스를 해체하고 재정의하는 노력이 필요한 이유다.

맨박스에 따른 인식은 우리 사회 여성들과 소녀들의 삶에 직접적인 영향을 끼친다. 맨박스에 이의를 제기하기에 앞서서 하나 기억할 점은 우리가 남자로서 가질 수 있는 훌륭한 자산이 많다는 것이다. 남성들은 아내와 자녀들을 아끼고 사랑하는 남편이자 근면 성실한 사회의 일꾼이며 누군가에게는 멘토이자 코치이기도 하다. 언제나 옳은 일을 하려 애쓰고, 아끼는 이들을 보살피는 삶을 살기 위해 노력한다.

하지만 이런 남성들에게 맨박스는 '남자다움이란 여성들의 관점과 삶으로부터 가급적 멀찍이 떨어지는 것'이라고 가르친다. 맨박스는 어린 소년들에게 '여자아이들이 할 법한 행동을 하는 것은 안 좋은 것'이라고 가르친다. 맨박스는 '남자는 강하고 여자는 약하며 지나치게 감성적인 존재'라고 가르친다. 맨박스는 어떤 상황에서든 '남성이 책임자이자 상황을 지배하는 사람'이라고 말한다. 자라나는 소년들은 이를 보며 남자는 용감하고 고통을 두려워하지 않는, 정서적 고통 따위 느끼지 않는 존재라고 배운다. 남자는 남을 지켜주는 존재이기에 누군가에게 도움을 요청하는 일이란 없어야 한다고 배운다. 남에게 도움을 요청하는 건 영락없이 나약함을 인정하는 꼴이 된다. 여자는 남자의 소유물이자 관심의 대상, 그중에서도 특히 성적인 대상이라고 배운다. 혈기왕성한 나이의 남성들은 여성을 정복의 대상으로 볼 뿐 여성의 삶에는 특별히 관심을 두지 않아도 된다고 배웠다.

이런 맨박스에는 이성애 우월주의와 호모포비아가 깃들어 있다. 개인적으로 호모포비아와 이성애 우월주의는 맨박스를 단단하게 고정하는 접착제 역할을 한다고 생각한다. 지금부터 소개할 내 경험담은 남성성의 집단 사회화 교육이 우리 일상 속에서 어떻게 이루어지는지 보여준다. 이 경험담을 통해 맨박스의 작동 방식을 조금 더 잘 이해할 수 있을 것이다.

나는 뉴욕 시의 할렘가에서 태어났다. 내가 태어난 지 얼마 되지 않아 우리 가족은 곧 브롱크스 지역으로 이사했고 나는 그곳에서 유년기를 보냈다. 아버지는 동네 도박장 수금원이었다. 부업으로 술집이 문을 닫은 시간에 주류를 판매하는 야간 노점상을 몇 군데 운영하고 있었다. 아버지는 동네에서 건달로 통했는데 남을 해치지 않는 선에서 그렇고 그런 소일거리를 하며 푼돈이나 만지는 사람이었다. 브롱크스로 이사 간다는 건 당시로서는 꽤 큰일이었다. 텔레비전 연속극 〈제퍼슨스 The Jeffersons〉의 주제곡 가사처럼 우리는 "더 물 좋은 곳으로" 입성하는 것이나 마찬가지였다. 우리 집은 엘리베이터가 없어서 걸어 올라가야 하는 5층짜리 빌라였다. 시간이 흐르면서 브롱크스 지역은 변하기 시작했고 이내 마약과 범죄가 일상화된 동네가 되어버렸다.

우리 빌라의 옆 건물에는 조니라는 소년이 살고 있었다. 그를 처음 만난 건 내 나이 열두 살 때 즈음이었고 조니는 열여섯 살 정도였다. 조니는 자기 또래보다 어린 우리들과 어울려 다녔는데 다른 집 부모들은 열여섯 살짜리가 왜 열두 살짜리들과 어울려 노는지 의심의 눈길을 보내곤 했다. 어른들이 조니를 안 좋게 생각하는 이유는 분명했다. 녀석이 못된 짓을 일삼고 다녔기 때문이었다. 조니의 아버지는 집을 나간 지 오래였고 어머니는 헤로인 과다 복용으로 세상을 떠난 상태였다. 조니는 잡다한 일로 근근이 벌이를 하는 할머니와 함께 살았다. 그래서인지 조니는 주로 돌보는 사람 없이 동네를 어슬렁거리며 내키는 대로 행동하곤 했다.

어느 날 집 앞에서 놀고 있는데 조니가 자신의 집인 5층 창문을 열고 나를 부르는 소리가 들렸다. 올라오라는 뜻이었다. 난 곧장 뛰어 올라갔다. 조니가 부르면 가는 게 당연했다. 나와 내 친구들은 나이 많은 조니를 우러러보았기 때문이다. 조니는 매력적이고 쿨하고 또 잘생겨서 여자아이들에게도 인기가 많았다. 어느 정도였느냐면 그 나이에 벌써 섹스 경험도 있었다. 그래서 그의 집에 올라갔을 때 조니가 "할래?"라고 묻는 게 어떤 의미인지 정확히 알고 있었다. 나는 어렸지만 그간 사회적으로 배운 게 있었다. 조니의 말이 무슨 뜻인지는 알고 있는 게 정상이었다. 조니가 따로 설명할 필요도 내가 따로 물을 이유도 없었다. 그건 섹스를 뜻했다.

조니의 질문을 듣고 나니 마치 시간이 멈춘 것 같았다. 머릿속에 수많은 생각이 스쳐갔다. 지금 이 순간에 우리 동네에서의 내 평판이 걸려있다는 생각이 들었다. 내가 어떻게 행동하느냐에 따라 남자로서의 내 평판이 심각하게 타격을 받거나 두고두고 만회해야 할 오점이 될 거란 생각이 들었다. 내 친구들은 꽤나 짓궂어서 실수를 만회하려면 아주 오랜 시간이 걸릴 터였다. 당시 내게는 커서 되고 싶은 남자로서의 이미지가 있었다. 남들이 나를 어떻게 봐주길 원하는지도 확실했다. 나는 내 또래와 어른들에게 인정받고 싶었다. 동네 남자들 무리와 섞이고 싶었다. 평범한 형들부터 운동선수, 가수, 아니면 조폭이 되고 싶어 하는 동네 건달이라도 어울려 지내고 싶었다. 지금 조니가 물은 "할래?"라는 질문은 내 미래를 결정지을 수 있었다. 까딱 잘못 대답했다가는 의젓한 남성으로 인정받고자 하는 나의 계획에 큰 차질이 생길 수 있었다. 무슨 일이 있어도 정답을 맞혀야 했다. 내가 아직 성경험이 없고 지금 당장 경험할 마음의 준비가 되지 않았다고 말하는 건 명백한 오답이었다.

남자아이들 사이에서 성경험이 없다는 건 절대 인정하거나 자발적으로 고백할 수 없는 비밀이었다. 만약 용감하게 그 사실을 입 밖에 낸다고 하더라도 가장 가까운 친구에게 말하는 정도였다. 그나마도 평생 비밀을 지키라고 신신당부했다. 우리 '남자'들은 마치 첫 경험이 존재하지 않는 것처럼 행동했다. 말도 안 되는 소리지만 우리들은 마치 두 살 때부터 섹스를 해온 것처럼 행동했다.

생각해보면 조니에게 섹스할 기분이 아니라고 말할 수도 있었을 것이다. 하지만 당시의 난 그것 또한 정답이 아님을 잘 알고 있었다. 나처럼 진짜 남자다운 남자가 되고자 하는 (또는 이미 진짜 남자가 된 양 행동하던) 소년들은 이미 알고 있었다. 진짜 남자는 섹스를 사양하지 않는다는 것을. 남자라면 늘 섹스를 원하고 절대 사양하거나 거절하지 않는 것이 철칙이었다. 남자라면 어린아이든 성인이든 섹스할 기회를 반겨야 했고, 그렇지 않으면 그들의 남성성에 큰 의심이 따라붙었다. 남자라면 섹스가 당기지 않는다고 말하는 순간 성적 취향에 대한 질문을 받게 된다. 동성애자라는 소리를 대놓고 듣게 된다. 더 솔직히 말하면 동성애자라는 고상한 용어보다 훨씬 모욕적이고 더러운 욕들이 등장할 것이다. 호모포비아와 이성애 우월주의는 우리 동네에서 뿌리 깊은 현상이었다. 난 절대 그런 공격을 감당할 자신이 없었다. 결국 내가 선택할 수 있는 답변은 하나였다.

"어, 할래!"

조니는 내게 자기 방에 들어가보라고 말했다. 나는 그의 방으로 향했다. 침대 위에는 실라라는 이웃 소녀가 있었다. 동네 사람들은 모두 실라에게 정신적인 문제가 있다는 걸 알고 있었다. 아마 정신지체나 발달장애 증상이었을 것이다. 나이가 들고 배운게 많아진 지금에야 이렇게 표현하지만 어리고 뭘 모르던 당시 우리 또래 아이들이 쓰는 단어 중에 지적장애나 발달장애라는 표현 따위는 없었다. 동네 남자아이들은 실라를 두고 수없이 많은 부적절한 별명으로 불러댔는데 바보, 병신, 저능아 같은 단어들이었다. 그런 실라가 지금 조니의 침대 위에 발가벗겨져 있다. 조니가 조금 전까지 실라를 성폭행한 것이다. 물론 조니에게 묻는다면 그건 섹스였을 뿐이라고 말할 것이다. 실라가 싫다고 말하지 않았다는 이유로 말이다.

실라가 '싫어!'라고 거부하지 못한 건 그녀의 지능 수준 때문이었다. 하지만 그렇다고 해서 '좋아'라고 동의한 것도 아니었다. 지금에야 이런 행위가 강간으로 인정되지만 그 시절에는 그렇지가 않았다. 피해자에게 동의할 능력이 없다면 그것은 동의하지 않은 것이다. 대다수 사람들은 'No'라고 말하거나 거부에 해당하는 명확한 행동으로써 의사를 표현하지만 실라는 그렇지 못했던 것뿐이다. 나는 조니의 방문을 닫고 문에 기대섰다. 조니가 따라 들어와 겁에 질린 내 표정을 보지 않기만을 바랐다. 나는 겁에 질려 있었다. 내 공포심은 섹스와는 관계없는 것이었다. 난 실라에게 아무 짓도 할 마음이 없었다. 나의 가장 큰 걱정거리이자 공포심의 근원은 조니 앞에서 어떻게 체면을 세울까 하는 것이었다. 실라가 겪고 있는 상황에는 큰 관심이 없었다. 지금 생각하면 후회스럽지만 당시의 나는 실라를 가치 없는 존재로 여겼음을 인정한다. 실라가 처해 있는 상황에 대해 일말의 감정도 없었는데, 그건 실라와 나 사이에 아무런 연관점이 없었기 때문이다. 난 실라에게 어떠한 관심도 없었고, 실라가 그냥 가치 없는 존재라고 믿었다. 만약 실라에게 동네에서 인정받는 형제나 아버지 혹은 그녀를 과보호하는 삼촌이라도 있었다면 달랐을 것이다. 남성들에게 보살핌을 받는 존재로서 일정한 가치를 부여받을 수 있었을 것이다. 하지만 실라에게는 가치를 부여해 줄 주변 남성이 없었다. 당시 내가 이해한 남자다움의 기준에 따르면 내게는 굳이 그녀를 옹호해 줄 책임이 없었다. 실라를 보호하는 건 다른 남자의 임무였지 내 임무가 아니었다. 지금 상황에서 가장 중요한 것은 나와 남자로서의 내 평판이었다.

남성들은 기본적으로 자기 관점에서 자기 일만 신경 쓰는 경우가 많다. 남성들은 사회적 교육을 통해 우리와 친분이 없는 여성들이 겪는 일에 대해서는 책임지지 않아도 된다고 배운다. 선량한 남성들이 팔을 걷고 나서서 여성 모두의 안전을 자기 일처럼 챙긴다면 얼마나 거대한 변화가 가능할지 생각해보라. 하지만 당시 내게 실라의 안전은 남의 일로만 느껴졌고, 내 관심사는 온통 나와 내 평판을 지켜낼 방법이었다. 실라와 섹스(라 말하는 강간)하길 겁낸다는 걸 조니가 알아채는 순간 내 동네 평판은 깡그리 무너질 판이었다. 방 안을 서성이며 고민하다 보니 금세 무슨 짓을 했어도 충분할 정도의 시간이 지나 있었다. 빨리 이 방을 벗어날 방법을 생각해내야 했다. 방문을 열고 나오는 내 모습이 정력가 같진 않더라도 최소한 거사를 마친 '남자'처럼 보여야 했다. 열두 살짜리의 머리에서 짜낸 지혜로 바지의 지퍼를 내리고 허세스런 폼을 잡으며 방에서 걸어나왔다. 나는 거실로 향하면서 남자다움을 증명했단 걸 조니에게 보여주고자 했다. 대여섯 명 정도의 친구들이 앉아 있는 거실은 마치 병원의 진료 대기실 같았다. 내가 방에 들어가 있는 동안 조니가 불러 모은 아이들이었다. 나처럼 "하고 싶으면 오라"는 초대에 응한 아이들이었다.

그들 모두는 실라를 집단으로 강간하려고 혈안이 되어 있는 듯했다. 물론 그들은 그게 왜 잘못된 건지 이해하지 못했다. 그 행위를 그냥 "섹스"라고 부르거나 "한판 뜬다"거나 그냥 "같이 잔다"고 표현했다. 내 가슴 깊은 곳에서 이건 분명 굉장히 잘못된 짓이라고 느꼈지만, 맨박스의 강력한 가르침은 다른 어떤 윤리나 도덕성을 누르고도 남는 것이었다.

최근 거의 전 연령층의 남성을 상대로 그룹 세션을 진행한 적이 있다. 이때 난 그들에게 남자 여럿이 한 여자와 성관계를 하는 걸 뭐라고 부르는지 물었다. 장년층에게 그들이 십대 시절에 어떤 말을 썼는지 묻자 그들은 "돌림빵"을 한다고 말했다. 같은 질문에 대해 십대 참가자들에게 묻자 똑같은 대답이 돌아왔다. 이를 통해 알 수 있는 건 최소한 세 세대에 걸쳐 남성들의 집단 사회화 교육이 크게 진화하지는 못했다는 것이다. 여전히 남성들은 여성의 성적 대상화를 통해 남자다움을 증명하려 하고 있었다.

조니의 집에서 실라를 만났던 그날 거실에 모여 있던 친구 녀석 중 하나가 내게 물었다. "어땠냐?" 나는 문 쪽으로 걸어가다 뒤돌아보며 "좋았어"라고 말한 뒤 일부러 바지 지퍼를 추어

올렸다. 그들은 내 말을 믿었다. 테스트를 통과한 것이다! 조니의 집을 나온 후 실라에게 무슨 일이 벌어졌는지는 알 수 없다. 나는 그녀를 해하지는 않았으니까 죄를 지은 건 아니라고 믿었다. 말하자면 난 최소한 '나쁜 놈'은 아니었다.

그러나 내게도 조니나 다른 친구들과 같은 책임이 있었다. 힘으로 그들을 저지할 수 없었다면 최소한 다른 사람에게 알렸어야 했다. 하지만 내 머릿속에는 그런 생각이 자리 잡을 여유가 없었다. 아니면 조니에게 가서 실라에게 이런 짓을 하는 건 옳지 않다고 말했어야 했다. 생각해보면 난 당시에도 실라가 자신을 보호할 능력이 없었고 남자애들에게 당할 수밖에 없단 걸 알고 있었다. 그렇지만 결국 나는 아무 말도 하지 않은 채 상황을 방관했다.

반대하는 내색을 하지 않았으니 조니는 내가 그 모든 일을 용인한다고 생각했을 것이다. 내가 지킨 침묵은 조니가 하는 짓이 나에게는 아무런 문제가 되지 않는다는 무언의 승낙이었다. 이런 암묵적 합의는 사회적으로 학습되는 사고방식인데, 말하자면 '직접 벌인 일만 아니면 괜찮다'는 뜻이다. '직접 선동하거나 참여하지 않았다면 무죄'라는 믿음은 오랜 기간 동안 나를 따라다녔다.

대다수 남성들이 아직도 이런 믿음을 갖고 있다. 그리고 이런 태도를 고수하는 이상 그런 남성들은 폭력이나 학대에 희생되는 여성들을 보고서도 그들을 돕고자 상황에 관여하지 않을 것이다. 자신과 친분이 있는 여성이 아니라면 말할 것도 없다. 자기 일만 신경 쓰고 살기도 바쁘다. 아무도 여성 폭력을 자기 일이라고 생각하지 않는다면 문제는 영원히 해결될 수 없다. 자기 일처럼 나서야 한다고 하면 흔히 물리적 충돌을 떠올리지만 그 방법만 있는 게 아니다. 자기 일처럼 도울 수 있는 여러 가지 방법이 존재한다. 도움이 필요할 때 공권력에 신고하는 것, 다른 남성들의 사고방식에 비판적인 시각을 제시하는 것, 남자아이들에게 가르칠 남자다움의 의미를 다시 논의하는 것, 여성을 고려하여 행동 방식을 바꾸는 것 등이 모두 돕는 방식에 포함된다.

그 일이 있고 대략 5년쯤 뒤인 열여섯 살쯤의 일이다. 우리 가족은 여전히 브롱크스에 살았고 나는 여전히 같은 무리의 친구들과 어울려 다녔다. 나는 내가 줄곧 원했던 평판을 쌓는 데 성공한 상태였다. 우선 여자 친구가 생겼고 삶은 큰 문제없이 평온했다. 나는 학교생활에서도 문제가 없고 범죄를 저지르지도 않았으며 어른들과 또래 모두에게 인정받는 건실한 청년이 되었다. 운동 실력도 나쁘지 않은 데다 음악도 곧잘 했으니 다양한 사람들과 손쉽게 어울리곤 했다. 내 주변 환경은 내가 뭘 모르고 다니던 어린 시절과는 확연히 달라진 듯했다. 최소한 나는 그렇다고 믿었다. 하지만 현실은 생각만큼 달라지지 않았는지도 모른다. 먼 과거의 일이라고 느꼈던 그 일이 다시 눈앞에 펼쳐지고 있었다.

우리의 아지트로 가던 길이었다. 그곳은 내가 사는 빌라 지하에 있는 창고 같은 곳이었는데 친구들 사이에서는 껄렁하게 아지트라고 부르곤 했다. 문을 열고 들어서자 친구들 대여섯 명이 보일러실 문 앞에 한 줄로 서 있는 게 눈에 들어왔다. 그 광경을 보자마자 감이 왔다. 하지만 예전과는 상황이 달랐다. 열여섯의 나는 이제 어느 정도 주변의 인정을 받는 위치에 있었고 얼마든지 내 의견을 내세울 수도 있었다. 나는 이게 무슨 짓이냐며 대열을 밀쳤다. 하지만 애들은 내 말을 못 들은 것처럼 자기 차례를 지켰다. 보일러실 문을 열었다. 예상했던 얼굴이 있었다. 실라였다. 실라는 낡아빠진 매트리스 위에 서서 벽에 손을 짚고 있었다. 내 친구 한 명이 방금 섹스를 마친 뒤였다. 아니, 섹스가 아니라 성폭행이다. 그 자식에게 따져 물어봤자 어차피 합의된 성관계였다는 둥의 말만 늘어놓았을 것이다. 실라가 거부한 적 없다는 변명을 내세울 게 뻔했다. 실라가 좋다고 동의한 적 또한 없다는 걸 알면서도 말이다.

바지춤을 올리는 친구를 향해 몇 마디 비난의 욕설을 퍼붓고 보일러실에서 나왔다. 다른 친구들이 내 욕설에 열을 올리며 되받아쳤지만 그뿐이었다. 나는 실라를 내버려둔 채 아지트를 빠져나왔다.

이 이야기를 꺼낼 때면 사람들은 그때 내 기분을 묻곤 한다. 실라에게 어떤 마음이 들었냐는 물음이다. 솔직히 말하면 당시에는 별다른 생각이 없었다. 지금에서야 실라를 자주 떠올리는 것이지 그땐 그녀의 삶이나 그녀가 처한 현실을 미처 생각하지 못했다. 친구들이 실라에게 한 짓이 크게 잘못되었다는 걸 알고 있었지만 머릿속에는 내 생각만 가득했다. 하지만 시간이 지나면서 그녀를 두 번이나 버려뒀다는 사실이 나를 괴롭혔다. 열여섯 살의 나는 실라를 도울 힘이 있었다. 실라를 일으켜 세워 옷을 입힌 후 같이 걸어 나올 수 있었다. 친구들도 나를 막아서진 않았을 것이다. 당장 그만두라고 말하거나 어떤 식으로든 설득할 수도 있었다. 하지만 난 아무것도 하지 않는 길을 택했다.

당시 나는 분명히 실라에게 안타까운 마음을 가지고 있었다.

문제는 그 일이 눈앞에서 벌어졌음에도 내 책임은 아니라고 생각했다는 점이다. 물론 누구도 내게 실라를 구하지 않은 책임을 묻지 않았다. 나는 남성성의 집단 사회화 교육에 충실히 따르고 있었다. 어떤 끔찍한 행위이건 간에 내가 직접 일을 저지른 것은 아니니까 당연히 무죄라는 생각이었다.

나는 여전히 스스로를 착한 남자라고 여겼고 나를 아는 모두가 이를 부정하지 않았다. 하지만 이런 사건 앞에서 눈을 감아버리고서도 정말 떳떳하다고 할 수 있는 걸까?

동지애 또는 의리라고 하는 남자들끼리의 동맹은 구성원 중 누군가가 부적절한 범죄를 저지르더라도 잘못을 묻지 않는다. 나 역시 이 동맹의 일부였다. 구성원의 지인 여성 몇몇만 신사적으로 대한다면 얼마든 동맹을 유지할 수 있다. 가족과 친구에 해당하는 몇몇을 제외한 대다수 여성들은 별로 중요한 존재도 아니고 누구나 접근할 수 있는 성적 대상물일 뿐이다. 이처럼 동지애에 기반을 둔 남성들의 문화는 폭력적인 남성과 평범한 남성이 어떤 관계를 갖고 있는지를 보여준다.

평범한 남성들이 폭력적인 남성들을 대놓고 지지하지는 않는다. 무언의 합의에 따라 그들의 행동을 묵인할 뿐이다. 남성들 사이에서 합의가 이루어진 묵시적 규범이자 기대치 그리고 남성들의 행동과 생각을 제한하는 모든 규범들이 맨박스 안에 엉켜 있다.

맨박스는 남자가 어떻게 행동해야 할지 명령을 내린다. 뿐만 아니라 여성에 대한 편견과 고정관념을 더욱 강화하는 역할을 한다. 맨박스는 남자다움의 행동 강령에 맞춰 행동하는 이들을 추켜세우는 반면, 기준에 미달하는 행동을 한 이들을 가차 없이 처벌한다. 남성들만의 이런 강령은 할아버지 세대에서 아버지 세대로 그리고 오늘날 남성들에게로 전해 내려왔다. 선한 의도를 가진 대다수 남성들이 자신의 행동을 깨닫고 고쳐 나가려면 맨박스가 담고 있는 사회적 규범을 하나하나 해체하는 과정이 필수적이다.

맨박스가 현실에서 어떤 양상을 띠는지 궁금하다면 스포츠를 살펴보면 된다. 어려서 나는 수도 없이 많은 오후를 농구 코트에서 보냈다. 길거리 농구장은 엄청난 열기로 가득 찬 남성 호르몬의 경연장이었다. "이길 자신 없으면 빠져!" 상대방이 조금이라도 허점을 보인다 싶으면 가차 없이 씹어 댔다. 그곳은 힘과 과격함을 과시하는 공간이었다. 제아무리 멋진 기술을 갖고 있다 해도 소용없었다. 누군가 라인 안에서 기교 섞인 슛을

쏘려고 폼을 잡으면 상대편이 달려와 순식간에 쓰러뜨려 버리는 그런 곳이었다.

이런 길거리 농구장에서 남자들이 상대편의 기를 죽이기 위해 사용하는 위협적인 욕설들을 공개하는 건 굉장히 부끄러운 일이다. 맞다. 여러분이 상상하는 그런 단어들이다. 상대편에게 비아냥거릴 때 우리는 여지없이 여성 또는 게이에 관련된 갖가지 경멸적이고 비인간적인 표현들을 사용했다. 여기서 기억할 점은 나는 그때나 지금이나 평범한 남성 중 하나라는 것이다. 나는 선한 마음을 가진 남자였지만 그 상황에서만큼은 스포츠에 소질이 없는 남자는 약해 빠진 놈이고 열등한 존재라고 생각했다.

내 말과 생각, 행동들이 여성 폭력과 어떤 연관성이 있는지 깨닫는 데에는 오랜 시간이 걸렸다. 그만큼 무의식적으로 맨박스의 가르침에 순종하고 있었다. 상대편에게 "계집애처럼 그게 뭐냐?"라고 말할 때, 그 말의 진짜 속뜻은 여성이 남성보다 능력이 부족한 존재라는 것이었다. 물론 성별 간 신체적 차이가 있으니 어떤 면에서는 남성들이 우위에 있을 수 있다. 하지만 문제는 여성이 남성보다 못하다는 사고 패턴이 이어지다 보면 점차 다른 분야에서도 '여성은 남성보다 열등하다'는 메시지로

증폭된다는 점이다. 남자아이에게 "여자애처럼 그게 뭐냐"고 말해보면 아이의 행동이 바뀌는 모습을 볼 수 있다. 일부 이론에 따르면 이르면 세 살, 늦어도 다섯 살쯤 되면 이미 아이들은 사회화 교육에 따라 자신이 들어서는 안 될 말이 무엇인지 파악하게 된다. 여성과 여자아이에 관련된 말이 모두 이에 해당된다. 예를 들어 엄마를 따라다니는 남자아이들에게 '마마보이'라는 호칭을 붙여주는데, 알다시피 이건 달갑지 않은 말이다. 반면에 아빠를 잘 따르는 남자아이에게는 "다 큰 사나이"라면서 대견하게 여기는데 이는 아이들에게 긍정적인 신호로 해석된다. 최근 어떤 세 살배기 남자아이가 엄마에게 "엄마는 오지 마. 나랑 아빠만 갈 거야"라고 말하는 걸 들었다. 언뜻 듣기에는 대수롭지 않은 말이지만 혹시 벌써 엄마와 여성에 대한 편견이 생긴 건 아닐까 하는 의구심이 든 건 사실이다.

맨박스는 남자가 남자다울 것을 강요한다. 남자다움의 기대치에 미치지 못한다면 병신, 또라이, 고자 그리고 그중 최악인 '계집애'라는 소리를 각오해야 한다. 이런 말들이 여성에게 어떻게 들릴까? 이처럼 여성에 빗대어 남성을 비하하는 표현들은 여성에 대한 남성들의 전반적인 인식 수준을 보여준다.

선한 남성들은 알게 모르게 맨박스의 가르침을 널리 퍼뜨리는 메신저 역할을 한다. 이는 우리가 아들과 딸을 얼마나 다르게 키우는가를 보면 알 수 있다. 아버지는 아들에게 울음을 그치라 말하는 반면 딸에게는 울고 싶으면 다 쏟아내라고 말하거나 최소한 그치라고 말하지 않음으로써 딸의 눈물을 묵인한다. 아버지는 아들에게 어깨를 펴고 턱을 똑바로 들라고 말하지만 딸에게는 자신의 어깨에 기대어 쉬라고, 아빠가 있으니 걱정하지 말라고 안심시키곤 한다. 선한 의도를 가진 남성들조차도 아들에게는 집안의 가장 노릇을 해야 한다며 책임감을 요구하는 반면, 딸에게는 '딸바보'를 자처하며 필요한 건 뭐든지 들어주겠다는 이중적인 태도를 보이곤 한다.

우리는 아들들에게 터프하고 강해져야 하며 책임감 있는 남성이 되어야 한다고 가르친다. 동시에 그 정반대를 딸들에게 요구한다. 남과 싸우지 말아라, 말투를 곱게 써라, 친구들과 친하게 지내라 등의 요구 사항이다. 흔히 사람들은 직장에서 성별의 구분 없이 동등하게 대우받는 경우를 찾기 힘들다고 말한다. 나는 묻고 싶다. 성차별이 얼마나 어린 시절부터 시작되었는지 생각해 본 적이 있느냐고 말이다.

사회화 교육은 태어난 바로 그날부터 시작된다. 이건 내 경험에서 우러난 말이다. 우리 집에는 막내딸 제이드와 그보다 15개월 먼저 태어난 아들 켄덜이 있다. 아이들이 크면서 내 사회화 교육이 자식들 특히 아들에게 미친 영향이 여실히 드러났다. 막내인 제이드와 켄덜을 키우던 시기는 나 또한 의식의 변화를 겪던 시기였다. 아이들을 키우는 동안 나는 사회화 교육에 대한 많은 고민을 할 수 있었고 자녀 양육 방식을 크게 개선할 수 있었다. 하지만 맨박스에서 완전히 벗어나기란 말처럼 쉽지 않았다. 소득이 있다면 맨박스와 사회적으로 강요된 남자다움에서 탈피하는 데 드는 대가와 어려움이 어떤 것인지 조금 더 이해하게 되었다는 점이다.

사회적으로 강요된 남자다움은 아이의 행동을 규제하는 아버지를 만든다. 남자로서 아버지로서 나의 역할은 딸 제이드를 최선을 다해 아끼고 보호하며 떨어지면 깨질세라 소중히 다루는 것이다. 맨박스는 어떤 희생이 따르더라도 온 힘을 다해 딸을 지키는 게 아버지의 역할이라고 말한다. 하지만 아들의 경우는 정반대다. 켄덜을 키우면서 겪은 몇 가지 일들은 맨박스의 가르침이 틀렸음을 잘 드러낸다. 별로 놀라울 것도 없지만 아들과 딸을 차별하는 자녀 양육 경험은 오늘날 대부분의 부모가 공감하는 일반적인 현상이다.

켄덜이 다섯 살, 제이드가 네 살이었을 때의 일이다. 제이드는 가끔 엉엉 울면서 내게 달려와 안기곤 했다. 그럴 때면 난 제이드를 무릎 위에 올려놓고 마음껏 울도록 다독였다. 왜 우는지를 채근하지 않고 그저 아빠가 여기 있다고 속삭였다. 하지만 울고 있는 게 아들 켄덜이라면? 마치 초시계가 카운트다운에 들어간 것처럼 30초 이내로 울음을 그치라고 명령했다. 한번은 30초를 넘기고도 계속 우는 켄덜에게 이런 말들을 쏘아붙였다.

"그만 울고 남자답게 고개 들어, 켄덜!"

"아빠를 보고 말해봐. 그렇게 울면서 말하면 알아들을 수가 없잖아."

"사내놈이 그렇게 우는 거 아니다."

하지만 내가 윽박지르면 지를수록 켄덜은 더욱 소리 높여 울었다. 아들을 남자답고 의젓하게 키우지 못했다는 답답함과 불안함이 몰려왔다. 정신을 차렸을 때 나는 켄덜에게 이렇게 소리치고 있었다. "네 방에 얼른 들어가! 울음 뚝 그치고 정신 차린 다음에 남자답게 무슨 일인지 말할 준비가 되면 그때 나와!"

켄덜은 고작 다섯 살 어린애였다. 지금은 건강하고 행복한 열일곱 살 청년이지만 아직도 이때 일을 언급할 때마다 나의 양육 방식이 아들에게 미쳤을 영향을 생각하면 굉장히 부끄럽고 후회스럽다.

내가 켄덜에게 방에 들어가 "정신 차릴" 것을 명령했을 때, 그건 남자로서 '상황을 통제할 수' 있어야 한다는 말의 암호화 버전이었음을 나중에서야 깨닫게 되었다. 맨박스는 남자라면 언제나 상황의 주도권을 갖고 있어야 한다고 가르친다. 그 반대말은 '통제 불능'이다. 흔히 여성들의 행동을 얕잡아 부르는 말이다. 앞서 말했듯이 남자다움은 여자들이 할 법한 행동의 반대 개념으로 정의된다.

우리는 남자아이들에게 감정을 묻어두라고 가르친다. 남자아이가 남 앞에서 울음을 터뜨려도 괜찮은 건 생후 몇 년뿐이다. 남성들과 이야기해보면 평균적으로 다섯 살을 기점으로 꼽는다. 즉 아들이 다섯 살이 되면 우리는 그 아이들에게 감정의 끈을 끊어내라고 가르친다는 것이다. 다섯 살 남자아이 모두가 성공적으로 울음을 참아내지는 못하겠지만 적어도 감정을 억누르는 발달 과정을 경험하기 시작한다. 그리고 열 살 즈음이 되면 감정 단절 과정이 완성되는 것이 일반적이다. 우리 사회가 가진 남자다움의 잣대에 따르면 남들 앞에서 자주 울음을 터뜨리는 열 살 남자아이는 누군가의 놀림과 괴롭힘의 대상이 되게 마련이다.

여자아이들이 남 앞에서 울 수 있는 나이는 조금 다르다. 여자아이가 성인이 되는 과정을 돌이켜보면, 이들에게는 울음이 허용되지 않는 나이가 딱히 정해져 있지 않다는 걸 알 수 있다. 물론 다 큰 직장 여성이 회사에서 울음을 터뜨리는 건 주변 동료들의 인상을 찌푸리게 할 수도 있다. 하지만 일반적으로 우리 사회는 여성들이 눈물을 보이거나 감정을 드러내는 것을 허용한다.

남성들의 눈물에 대해 조금 더 이야기해보자. 맨박스가 발현되는 방식을 보여준 일화가 있다. 아들 켄덜이 여덟 살이 되어서 미식축구를 시작했을 즈음의 일이다. 아들의 연습 경기 날, 나의 맨박스는 그야말로 최고조에 이르러 있었다. 스포츠, 남성호르몬, 다른 아빠와 아들들이 모두 한자리에 뒤섞여 있었으니 말이다. 켄덜은 규모가 꽤 큰 리틀 리그 소속이었는데 엄격한 체급을 적용하는 곳이었다. 켄덜은 자기 또래의 여덟 살 아이들과 경기하기에는 덩치가 큰 편이었다. (열일곱 살인 지금은 키 190cm, 몸무게 115kg, 신발 사이즈 300mm에 온몸이 근육질이다.) 지금의 켄덜이 덩치가 크고 힘이 센 것처럼 어린 켄덜 역시 군살 하나 없이 체격이 크고 튼튼한 아이였다. 그래서 여덟 살 또래 선수들이 아닌 아홉 살, 열 살, 심지어 열한 살짜리와 경기를 하도록 한 단계 상위 리그로 편입해야 했다.

맨박스의 가르침에서 힌트를 얻은 켄덜은 코치 선생님 외 다른 이들이 자신의 실제 나이를 알게 되는 걸 꺼렸다. 혹시라도 경기 성적이 좋지 않을 때 주변 아이들이 어린 나이를 트집 잡을까 봐 두려워했기 때문이다. 켄덜은 자신보다 나이가 많은 아이들을 상대로 제 몫을 다할 수 있음을 보여주고 싶어 했다.

그때는 정규 시즌의 3분의 2쯤이 지난 시점이었고 켄덜은 팀의 센터로서 좋은 성적을 내고 있었다. 활약상이 꽤 두드러졌기에 코치 선생님은 이따금 켄덜을 라인배커linebacker 포지션에 배치하기도 했다. 라인배커는 미식축구의 수비 라인에 속하는 중요한 포지션인데 달리기 속도가 빠르고 힘이 좋은 선수들이 주로 맡는 자리였다. 터치다운을 막는 태클을 담당해야 했고, 그 말은 전체 태클의 50% 정도를 담당한다는 뜻이었다. 그래서 켄덜이 라인배커 포지션 연습에 들어간 걸 보았을 때 난 켄덜이 너무나도 자랑스러웠고 다음 경기가 손꼽아 기다려졌다. 우리 아들 최고다!

연습 경기 날 내 맨박스는 정점을 찍고 있었다. 아이들은 필드에서 연습을 하고, 아빠들은 경기장 한쪽에 놓인 벤치에 앉아 스포츠 이야기를 나누고 있었다. 엄마들은 그 반대편에서 한창 아줌마 수다 중이었고, 치어리더인 여자아이들은 저 멀리서 연습 중이었다. 이보다 더 맨박스에 부합하는 장면은 없을 것이다.

켄덜은 오른쪽 라인배커 포지션을 썩 잘 해내고 있었다. 연습 게임의 마지막 차례에서 라인 뒤의 러닝백이 공을 들고 치고 나왔다. 켄덜이 러닝백을 태클하자 러닝백은 켄덜을 매달고 10야드쯤 간 후 넘어졌다. 미식축구 용어로 "트럭에 받혔다(trucked)"고 하는데 마치 달려오는 트럭에 치인 것처럼 강하게 충돌했다는 뜻이다. 켄덜이 덤프트럭에 밀려버린 것이다! 다른 수비수들이 뒤쫓아 나오면서 이윽고 모든 선수들이 러닝백 위로 몸을 날렸다. 그리고 선수들 더미 제일 아래에 깔린 건 바로 내 아들 켄덜이었다.

이때 난 다른 아빠들과 이야기를 나누는 중이었다. 일이 벌어지는 순간을 곁눈질로 확인할 수는 있었지만 맨박스의 규칙에 따르면 나는 허둥지둥 다른 남자들과 하던 이야기를 접고 아들이 다쳤는지 확인하러 갈 수 없었다. 그 대신 이야기에 집중하는 척 머리를 고정한 채 켄덜 위에 포개져 있는 선수 더미가 서서히 일어나는 걸 흘끔거릴 수밖에 없었다.

기억을 되살려 보면 그 자리에 있던 다른 아빠들도 티가 나지 않게 선수 더미 쪽을 바라보고 있었음이 틀림없다. 이야기를 듣는 시늉을 하면서도 속으로는 '저 집 아들내미, 완전 묵사발 됐네!' 하고 생각했을 것이다. 나중에 알게 된 것이지만 남자들은 굉장히 많은 '척'을 한다. 특히 다른 남자들 앞에서는 맨박스의 규칙에 따르는 모습을 보이기 위해 가식적으로 행동한다.

나는 다른 집 부모들이 우리 아들은 아주 터프해서 이 정도 치고받는 건 툭툭 털고 일어날 수 있다고 믿기를 바랐다. 놀라거나 걱정하지 않고 괜찮은 척하고 싶었다. 나는 포커페이스를 유지하면서 대화를 이어가는 데 집중했다. 한참 후 켄덜이 일어서서 느릿느릿 움직이기 시작했다. 크게 다친 것 같지는 않아 보였다.

경기가 끝나고 아들과 나는 차를 향해 걸었다. 켄덜의 어깨가 점점 처지기 시작하더니 차에 다다랐을 때쯤 크게 울음을 터뜨렸다. 그 이후 대화는 다음과 같았다.

"켄덜, 너 왜 그러니?"

"저 다쳤어요."

"다쳤어?"

"네, 다친 것 같아요."

"다쳤다고?"

"네. 정말로 다쳤다고요! 아까 저기서 어떻게 됐는지 못 보셨어요?"

"아니, 보긴 했는데 벌써 10분쯤 지나지 않았니? 왜 갑자기 지금 우는 건데?"

"다른 애들 앞에서 울면 안 되잖아요."

"그래서 10분 동안 참고 있었다고?"

"네. 참아야지 어떡해요."

이때 내 솔직한 심정은 켄덜이 남들이 보는 앞에서 눈물을 보이지 않았다는 묘한 안도감이었다. 또래들에게 우는 모습을 보였다가는 절대 만회하지 못했을 것이기 때문이다. 터놓고 말하자면 켄덜과 이런 대화를 나누고 있는 그 순간에도 나는 주변을 두리번거리며 혹시 아는 집 아이가, 아는 집 부모가 켄덜의 우는 모습을 보지는 않을까 걱정하고 있었다. 그러면서도 한편으로는 켄덜이 고통을 억지로 참아냈다는 것이 굉장히 당혹스럽고 죄스럽게 느껴졌다. 남 앞에서 울면 안 된다는 맨박스의 규칙을 내가 켄덜에게 가르쳤기 때문이다. 그리고 나 역시도 이런 규칙을 나의 아버지에게 배웠다는 사실을 떠올렸다.

내 남동생이 불운한 죽음을 맞았을 때 아버지가 자신의 슬픔을 공유하는 데 얼마나 큰 장애를 겪었는지가 떠올랐다. 헨리의 장례식 날 아버지는 사력을 다해 울음을 참으려 했다. 그리고 30년이 지난 후, 손자인 켄덜이 온 힘을 다해 울음을 참고 있었다. 남성들에게 자신의 아버지가 우는 모습을 한 번도 보지 못한 사람은 손들어보라고 하면 대체로 3분의 2 정도가 손을 든다. 그다음에 자신의 아버지가 살면서 울고 싶은 상황을 겪은 적이 있다고 생각하는지 물어보면 이번에는 남성 모두가 손을 든다. 아버지가 울고 싶었을 만한 상황이 "꽤 자주" 있었던 것 같다고 인정하면서 말이다.

이제 여러분이 생각해볼 차례다. 왜 딸들은 감정에 북받쳐 울어도 괜찮다고 안아주면서 아들에게는 같은 자유를 허용하지 않는가? 남자다움을 사회적으로 학습하는 과정에서 남성들은 감정 표현은 여자들이나 하는 것이며 연약함의 증거라고 배운다. 맨박스는 눈물을 보이거나 감정을 드러내는 것이 남자다움의 정의에 어긋난다고 말한다. 아주 드문 경우를 제외하고 남성들은 눈물을 보이는 어른뿐만 아니라 어린 남자아이에게도 단호히 울음을 그치라며 못마땅함을 표현한다. 남들처럼 맨박스의 정해진 규칙을 따르라고, 그렇지 않으면 책임지라고 강요하는 것이다.

남성성에 대한 믿음은 여성성에 대한 편견과 고정관념을 고착시키기도 한다. 여성은 자주 울고 감정 표현이 과다하므로 남성보다 불완전하며 열등한 존재라는 인식이다.

켄덜이 생애 첫 주먹 싸움에서 지고 돌아온 날이 기억난다. 무더운 한여름이었고 켄덜은 고작 여섯 살이었다. 이웃집 아이와 싸운 켄덜은 집으로 울면서 달려왔는데, 정확히 말하자면 콧물을 질질 흘리면서 숨이 넘어갈 듯 우는 얼굴을 하고 집 쪽으로 뛰어오고 있었다. 몹시 서글픈 표정이었지만 겉보기에 드러나는 큰 상처는 없었다. 난 몇 분간 거의 이성을 잃은 듯 행동했다. 분노가 치밀어 올랐다. 어쩌다 이렇게 된 거지? 내가 제대로 남자답게 키우지 못한 건가? 사실 나는 그때까지 켄덜에게 싸우는 법을 가르칠 필요가 있다는 생각조차 하지 못했다. 고작 여섯 살에 불과했으니 말이다. 인정하기 싫지만 켄덜과 싸운 이웃집 아이를 데려다가 뺨이라도 때리고 싶었다. 절대 그런 짓을 실행에 옮길 리는 없지만 그런 생각이 든 것만은 인정한다.

그다음 든 생각은, 그 집 애 아빠를 주먹으로 한 대 쳐야겠다는 거였다. 어차피 딱히 사이가 좋은 이웃도 아니었다. 그 집 애 아빠와 싸움이 붙으면 분명 내가 이길 수 있다는 자신이 있었다. 남자다움의 측면에서 보자면 싸움에서 이기는 것은 매우 중요하다. 하지만 나는 주먹을 휘두르는 사람이 아니니까 그 집 아빠와 '한판 뜨는' 계획 또한 실행에 옮기지 않기로 했다. 대신 동네 정보지를 집어 들었다. 켄덜을 당장 태권도 도장에 보내야겠다. 그다음엔 집 지하실에 체력단련장을 만들어서 켄덜에게 복싱을 가르쳐야겠다는 아이디어가 떠올랐다! 나는 제정신이 아니었다.

이 모든 광경을 아내 태미가 지켜보고 있었다. 그녀의 얼굴에는 혼란스러움과 가소로움이 섞여 있었다. 이윽고 태미가 입을 열었다. "그러지 말고 켄덜을 데리고 그 애 집에 가서 둘이 서로 화해하라고 말하는 게 어때?"

이것은 나에게 매우 생소한 발상이었다. 내가 자란 동네에서는 싸움에서 이긴 자가 화해를 청할 수는 있어도 진 사람이 먼저 화해의 말을 건넨다는 것은 있을 수 없는 일이었다. 화해할 생각을 할 게 아니라 복수를 계획하는 게 정상이었다.

당시의 나는 눈물이 그렁그렁한데다 콧물까지 흘리고 있는 켄덜의 손을 붙잡고 상대방 아이의 집에 찾아가 사과를 시킨다는 걸 상상조차 할 수 없었다. 그렇게 하면 켄덜은 남자다움이 뭔지에 대해 단단히 잘못 배울 터였다. 켄덜의 아빠이자 남자로서 내가 맨박스의 규칙을 어겨가며 켄덜에게 사과를 종용하는 것은 잘못된 일이라는 생각이 들었다. 나는 내 아들을 보호하고 싶었고 켄덜을 강하게 키우는 것만이 그 애를 보호하는 것이라 생각했다.

나는 그때까지 남자다움을 사회적으로 강요당하는 현실에 대해 많은 지식을 쌓은 상태였지만, 막상 그 상황에 처하자 맨박스는 내가 아는 모든 지식을 압도해버렸다. 이런 현실을 개선하려면 어린아이들이 원하는 대로 감정을 표현할 자유를 허용해야 한다. 정해진 성별의 틀과 기대치에 끼워 맞춰 감정을 표현하라고 가르치다 보면 성인이 되어서도 학습된 방식을 벗어나지 못하기 때문이다. 켄덜이 싸움에서 지고 돌아온 그날로 다시 돌아갈 수만 있다면 난 켄덜을 안아주면서 다 괜찮으니 걱정하지 말라고 말해줄 것이다. 그리고 친구와 화해를 시도해보라고 기운을 북돋워 줄 것이다. 켄덜이 감정을 표현하는 대로 울면 우는 대로 기다려 준 다음 적절한 상황 대처에 대해 차분히 이야기를 나눌 것이다.

남성들은 다른 남성, 심지어 어린아이들에게까지 솔직한 감정 표현은 여자들이나 하는 바람직하지 않은 행동이라고 가르친다. 그렇다면 이렇게 '바람직하지 않은 행동'을 일삼는 여성은 그만큼 열등한 존재라는 주장이 성립된다. 남성들은 자신이 '여자들이나 하는 행동'을 절대 하지 않는다고 선을 긋는다. 울거나 감정을 표현하는 것들 말이다. 그리고 이를 애써 강조하기 위해 과잉보상 경향을 보이기도 한다.

　'여자다운' 행동과 필사적으로 거리를 두려는 남성들의 경향은 굉장히 우려스럽다. 남자는 절대 여자처럼 행동하지 말아야 하며 여성은 남성보다 열등하다는 그릇된 믿음을 조장하기 때문이다. 또한 남성의 사회적 지위가 여성보다 우월하므로 여성들을 리드하고 지배하는 것이 당연하다고 생각할 여지를 준다. 이는 여성에게 폭력적이고 강압적인 태도를 보여도 된다는 허락과 마찬가지 역할을 한다. 맨박스는 이런 문화를 지속시키고, 우리 사회 남성들은 이를 답습한다. 폭력적인 남성이든 평범한 남성이든 가릴 것 없이 누구도 책임에서 벗어날 수 없다.

여성이 남성의 소유물이라는 그릇된 믿음

이번에는 선량한 남성들이 어떤 경로를 통해 '여성이 남성의 소유물'이라는 주장에 힘을 보태는지 살펴보자. 우리 사회에서 '가정 폭력은 집안일'이라는 인식이 지속되는 중요한 원인 중 하나는 바로 남성이 자신의 소유물(여성)을 마음대로 다룰 수 있다는 믿음에 근거한다. 사람이 어떻게 소유물이 될 수가 있느냐고 묻겠지만, 대다수 남성들은 실제 종속 관계가 성립하는 양 사고하고 행동한다.

대표적인 예로 결혼식이 있다. 결혼식은 두 남성 간에 이루어지는 전형적인 소유물 거래 양식을 취한다. 잘 알다시피 신부 아버지의 역할은 신부를 '인도'하는 것이다. 신부 아버지는 딸의 손을 잡고 입장해서 다른 남성(사위)에게 딸의 손을 건네준다. 미국을 비롯한 여러 나라에서는 결혼식을 마친 여성이 자신의 성을 버리고 남편의 성을 따르는 법적인 절차를 거친다. 소유권 이전이 완료된 것이다. 중고 자동차를 구입했을 때 소유권을 이전하는 과정과 흡사하다. 여성이 성을 바꾸는 과정은 새로운 주인(호주)과 종속 관계를 맺는 것과 비슷하다.

물론 신부의 손을 건네주는 행위는 전체 결혼 예식 중 상징적인 부분일 뿐이며 실제 사람을 소유물처럼 거래하는 것은 아니다. 그런데도 이런 상징적 행위가 전통으로 전해 내려왔다는 데에 시사점이 있다. 부친의 책임하에 있던 신부가 새로이 배우자를 맞이하여 그에게 귀속되는(한 남성에서 다른 남성의 손에 넘겨지는) 것이다. 이런 문화적 관습은 여성을 소유물로 보는 가장 흔한 예이며 사회적으로 기대되는 남성의 역할이 무엇인지를 보여준다. 여성을 소유물로 인식하는 것은 폭력으로 여성을 억압하는 특정 남성에 국한되지 않는다. 여성이 남성의 소유물이라는 그릇된 인식은 보편적으로 자행되어 온 남성성 학습의 산물이다. 오늘날에도 많은 남성이 이런 인식에 아무런 문제를 제기하지 않은 채 사회적 기준처럼 받아들이고 있다. 예전부터 그래 왔으니 문제없다는 식의 접근이다.

폭력을 방관하는 남자들

내가 남성들과 세션을 진행할 때 사용하는 상담기법 중에 '쇼핑몰 시나리오'가 있다. 다양한 연령대와 지역에 걸쳐 수천 명의 남성들에게 사용해온 기법이다. 그것은 두 개의 시나리오로 구성되어 있는데, 첫 번째 시나리오는 매우 간단하다. 남성인 당신이 쇼핑몰 푸드코트에 혼자 앉아서 식사를 하고 있다. 그리고 30미터쯤 떨어진 곳에 커플로 보이는 두 사람이 함께 앉아 있다. 이때 갑자기 철썩 하고 큰 소리가 들려온다. 소리가 난 쪽으로 고개를 돌려보니 울고 있는 여성이 눈에 들어온다. 남성은 여성 옆에 공격적인 자세로 서 있다. 아마도 남성이 여성의 뺨을 때린 듯싶다.

참가자들에게 질문을 던진다. "제삼자인 남성으로서 이 상황에 어떻게 대처하시겠습니까?" 대다수 남성들은 우선 대응을 하지 않고 지켜보겠다고 말하며, 상황에 따라 필요하면 경비 인력을 부르겠다고 한다. 그 여성이 어떤 행동을 먼저 했는지, 왜 남성이 그녀를 때렸는지, 구체적인 상황을 모르는 이상 남의 일에 끼어들지 않는 편을 택하겠다고 덧붙이곤 한다.

첫 번째 시나리오에 대한 답변을 들어보았으니, 그다음에는 약간의 변화를 준 두 번째 시나리오를 제시한다. 이번에도 남성인 당신은 쇼핑몰 푸드코트에 혼자 앉아서 식사를 하고 있다. 그리고 30미터쯤 떨어진 곳에 여성 한 명이 홀로 앉아 식사 중이다. 이때 후줄근한 옷차림의 남성이 나타나 테이블마다 돌아다니며 구걸을 하기 시작한다. 그러던 어느 순간 철썩! 하고 큰 소리가 들려온다. 고개를 들어보니 아까 구걸을 하고 다니던 남성이 여성 옆에 공격적인 자세로 서 있고 여성은 울고 있다. 첫 번째 시나리오와 마찬가지로 남성이 여성의 뺨을 때린 듯한 상황이다. 여기까지 설명한 후 참가자들에게 "이 상황에 어떻게 대처하시겠습니까?"라고 다시 질문을 던지면 참가자들의 반응은 극명하게 달라진다. 대부분 남성들은 당장 달려가 말리겠다는 의사를 표시한다. 거의 모든 남성이 이 상황을 자신이 "처리"할 용의가 있다고 말하며 그 남성을 "가만둘" 수 없다고 말한다.

이 두 가지 시나리오에서 달라진 점은 오직 하나, 관찰자의 관점에서 그 여성이 혼자 있었는가 아니면 폭력을 쓴 남성과 사귀는 사이로 보였는가 하는 문제이다. 시나리오 속의 여성이 가해 남성의 '소유물'이라는 추정을 할 수 있는지 여부가 상황 개입의 결정적 요인이 되는 것이다. 참가자들은 첫 번째 시나리오에서 여성을 돕지 않기로 한 이유가 이것임을 인정했다.

관찰 결과 이런 깨달음은 두 가지 시나리오를 각각 상상하고 비교해 본 이후에야 명확해지는 경향이 있다. 우리가 집단으로 학습한 남성성의 규범을 고려했을 때 일반적으로 남성들은 첫 번째 시나리오의 남성이 '자기 여자'와 개인사를 알아서 해결하도록 묵인하는 것이 옳은 대응이라고 느낀다. 그와 반대로 누군가에게 속하지 않은, 혼자 있는 여성에게는 다른 남성이 나서서 보살펴 주어야 한다는 규범이 작동한다. 두 번째 시나리오의 여성이 그런 경우다.

남성들과의 세션을 통해서 밝혀진 점은, 남성들은 혼자 있는 여성이 모르는 사람에게 공격당했을 때 훨씬 더 큰 책임감을 느끼고 대처한다는 것이다. 남성의 책임의식이 발동하는 이유는 바로 공격당한 여성과 폭력남 사이에 아무런 관계가 없다는 사실이 드러났기 때문이다. 여성이 상대방 남성에 '속해' 있지 않다는 게 명확해졌으니 이제 기사도 정신을 발휘해서 도와주러 나설 수 있는 것이다.

참가자들도 첫 번째 시나리오 속 여성이 누군가에게 귀속된 물건이 아니라는 점을 잘 알고 있다. 그렇지만 종속 관계에 대한 개념은 이미 사회화 과정을 통해 남성들의 머릿속 깊숙이 자리 잡고 있다. 시나리오 속 폭력남이 자신의 여자 친구를 소유물처럼 여기고 힘으로 제압하려 해도 별다른 대응을 하지 않은 것도 그 이유이다. 실제 이런 결과를 놓고 볼 때, 평범한 남성들조차 폭력남을 제지하지 않은 것은 폭력적인 그의 행동조차 그의 권리라고 보았기 때문이다. 두 가지 시나리오에서 참가자들의 반응이 얼마나 극명하게 갈리는지 생각해보면, 남성들이 일부 폭력적인 남성들에게 지금껏 굉장히 지나친 권리를 행사하도록 내버려두었음을 알 수 있다.

여성이 폭력의 대상이 되는 이유는 폭력을 쓰는 남성뿐만 아니라 일반 남성들마저도 무의식적으로 여성은 남성의 소유물이라고 생각하기 때문이다. 대다수 남성들이 이런 인식에 동조한다. 하지만 평범한 남성들이 다 함께 맨박스에서 벗어난다면 매우 큰 변화를 불러일으킬 수 있다. 우리 사회의 평범한 남성들이 여성이 어떤 남성과 사귀고 있는지와 상관없이 그녀를 함부로 대하는 남성에게 명확한 책임을 묻는다면 사회는 달라질 것이다.

여성들에게 이 두 가지 쇼핑몰 시나리오에 관해 묻자 그들은 피해 여성의 일행이 아닌 남성이 폭력을 쓰는 시나리오에서 남성들이 도와줄 확률이 높아진다는 데에 동의했다. 그리고 하나 덧붙이기를, 도와줄 확률이 높아진다 해도 그다지 큰 차이는 아닐 것이라고 예상했다. 남성들은 대부분 자기 일에만 신경 쓸 뿐 다른 여성이 누구에게 공격을 당하든 큰 관심이 없다는 것이었다.

폭력을 쓰는 남성을 만나면 힘으로 제압하라는 이야기가 아니다. 조정 과정은 다양한 방식으로 이루어질 수 있다. 우선 남성들은 잘못된 행동을 하는 다른 남성에게 확실히 책임을 물어야 한다. 여성 피해자가 자신이 아는 사람이 아니더라도 반드시 잘못을 지적해야 한다. 폭력을 쓴 남성이 자신과 친분이 있다면 더욱 확실히 폭력적 행동을 용납할 수 없다는 뜻을 지속적으로 밝혀야 한다. 공권력이나 지역 상담센터 등의 자원을 적극적으로 활용하고, 청소년들이 맨박스가 지금껏 강요해온 '여성은 남성의 소유물'이라는 뿌리 깊은 믿음을 갖지 않도록 도와야 한다. 여기서 가장 중요한 조건은 '평범하고 선한' 남성들이 이러한 움직임에 동참하는 것이다. 평범한 남성들이 손을 놓고 있으면 여성 폭력 문제는 사라지지 않는다. 아무런 행동을 하지 않으면 우리는 폭력을 지속시키는 문제 집단의 일부분일 뿐이지 더 이상 '착한' 남성이 아니다. 착하게 살아온 평범한 남성들이 폭력 문제를 해결하는 움직임의 주체가 되어야 한다.

CHAPTER 3

여자는
남자의 소유물이
아니다

남자들은
관성대로
살아간다.

MAN BOX

남성 중심의 우리 사회에서는 여성의 성적 대상화를 흔하게 관찰할 수 있다. 여성을 소유물로 보는 인식과 더불어 성적 대상화하는 현상을 해체하고 분석하다 보면 남성이 여성을 열등하게 여기게 된 경로가 설명된다. 맨박스에서 도출된 이런 인식들은 사회화 작업을 거치면서 남성에게 쾌락과 행복, 안락함을 느끼도록 서비스하는 것이 여성이라는 물건(대상)의 역할이라고 믿게 만든다. 결국 남성들은 여성의 성품과 같은 눈에 보이지 않는 장점보다 눈에 보이는 신체적 매력을 높게 평가하곤 한다.

남성들은 여성을 스트레스를 풀고 안식을 얻는 도구처럼 여긴다. 하지만 대중문화가 끊임없이 던지는 여성에 대한 편향적인 메시지, 우리 사회가 가지고 있는 여성에 대한 편견, 남성들에게 주입된 여성에 대한 생각은 실제 여성들의 잠재력을 대변하지 않는다. 여성은 남성을 즐겁게 하고 보듬어 주는 존재 그 이상이다. 텔레비전에서, 직장에서, 교회에서, 매일 지나는 지하철역에서, 우리 주위의 거의 모든 곳에서 여성의 성적 대상화가 이어진다. 주류 사회는 여성이 욕구의 대상이자 신체 부위로서만 묘사되는 관행을 널리 받아들이고 수용하는 역할을 해왔다. 예를 들어 잡지나 뮤직비디오, 전광판, 텔레비전 광고들은 여성의 신체 부위만을 부각해 나타낸다. 남성들은 매일 이런 이미지를 접하면서 여성을 의견과 감정, 생각과 아이디어를 가진 사람으로 보지 않고 단순히 여러 신체 부위의 집합체로만 생각하게 된다. 패션 산업에서도 이런 경향이 드러난다. 짧은 치마와 스키니진, 레이스 팬티, 푸쉬업 브라, 튜브톱, 달라붙는 원피스 같은 건 애초에 여성의 신체 부위에 시선을 집중하도록 의도된 것이다.

아이러니하게도 이런 패션 트렌드는 아동복 코너에서도 발견할 수 있다. 두 살짜리 여아용 바지를 사러 가면 엉덩이 부분에 '허니' '큐티' 같은 단어가 자수 놓여 있는 걸 볼 수 있다. 성적 대상화의 메시지가 담긴 옷이 아동용으로 팔리는 것이다. 이렇게 어린 시절부터 여성의 특정 신체 부위를 중점적으로 부각하는 관행에 노출된다. 이런 아동복을 만들어 낸 기업 실무

진은 무슨 나쁜 마음을 먹은 남성이 아니라 평범하고 선한 남성일 확률이 높다는 점을 기억해야 한다.

일찍이 '예쁜 여자'에 대한 백인 남성의 기준은 날씬하고 키가 크며 (하지만 너무 크진 않아야 한다) 흰 피부에 금발, 푸른 눈에 적당한 가슴 사이즈와 여성스러운 골반 라인을 가진 여성이었다. 요즘은 예전보다 다양해졌다고 말하지만 우리는 여전히 이런 전형적인 미인상을 떠올리곤 한다.

성형외과 의사와 메이크업 아티스트, 미용업계 종사자들은 여성들의 외형을 개선하기 위해 일하는 사람들이다. 이들은 여성이 다른 여성들과 경쟁하고 사회가 요구하는 매력도 테스트를 통과할 수 있도록 돕는다. 화장을 하거나 미용실에서 머리를 하는 건 남자를 위해서가 아니라 자신을 위해서라고 반박하는 여성도 있을 것이다. 하지만 많은 여성들은 그 정반대 주장도 인정한다. 곰곰이 생각해보니 자신이 겉치장하는 이유가 남자의 마음에 들기 위해서였다고 말이다.

사회가 진화하면서 남성 기준으로 만들어진 미의 척도 또한 예전보다 다양하고 포괄적으로 변하고 있다. LGBT(Lesbian, Gay, Bisexual, Transgender의 앞 글자를 딴 것으로 성적 소수자를 의미한다) 및 젠더 유동적 커뮤니티를 중심으로 전개되는 활력 넘치는 시도 또한 포괄성을 증진하는 데 이바지하고 있다. 하지만 기존의 미의 기준에 부합하는 여성들이 가장 인기 있다는 사실은 변하지 않았다.

보수적인 성향이 있는 여성 한 명을 상상해보자. 그녀는 평소 몸매가 드러나지 않는 품이 넉넉한 옷을 즐겨 입는다. 가슴골이라든지 맨살은 노출하지 않는다. 화장은 하지 않고 머리는 질끈 묶고 다닌다. 대다수 남성들은 그녀를 평범하고 지루한 타입이라 생각하고 별 관심을 두지 않을 것이다. 내가 강의를 하면서 만나본 수많은 남성들은 자신들이 이 여성을 마치 없는 사람처럼 대하고 고립시킬 것 같다고 인정하곤 했다. 괴롭히거나 무례하게 굴려는 의도가 아니라 그저 자신들의 관심을 끌지 못하기 때문이다.

이 보수적인 여성은 자신의 성적인 면을 감추면서 내심 해방감을 느끼는 것일 수도 있다. 하지만 해방감을 얻는 대신 그만큼의 대가를 치르게 된다. 여성의 성적 대상화를 압도적으로 지지하는 사회 분위기를 고려한다면 성공적인 연애라든지 좋은 남편감을 찾는 것, 심지어 취직 기회까지도 그녀가 치러야할 대가가 될 수 있다. 폭력적이든 아니든 남성들은 집단 사회화 교육을 통해 그녀의 인격보다는 외적인 모양새를 먼저 고려하도록 학습되었기 때문이다.

뉴욕 시 외곽에 살 때의 일이다. 마당 한쪽에 물건들을 쌓아 두었는데, 그 물건들은 아직 내다 버릴 마음의 준비가 안 된 것들이었다. 그중에는 일인용 나무 보트라든지 벽돌, 자재용 나무 같은 고물과 잡동사니들이 있었다. 아들 켄덜은 내가 예상했던 대로 그 무더기 속에서 노는 것을 좋아하고 안전하고 넓은 놀이 공간에는 좀처럼 관심이 없는 듯했다. 문제는 켄덜이 잘 넘어지는 아이였다는 점이다. 켄덜의 무릎과 팔꿈치는 늘 까져 있었다. 나는 그럴 때마다 몸에 비해 머리가 너무 커서 그렇다며 아들을 놀리곤 했다. "켄덜, 너는 아예 땅과 같은 높이에서 다니는구나!" 우리는 그렇게 곧잘 웃어넘겼다. 켄덜의 흉터는 우리 둘 중 누구에게도 큰 문제가 아니었다. 실제로 맨박스는 남성의 흉터가 훈장과 같은 것이라고 가르친다. 켄덜의 흉터와 상처는 용감하고 대담한 진짜 사나이이자 전사라는 표식이었다. 하지만 정반대로 내 딸이 평생 남는 흉터를 갖게 되는 건 상상만 해도 끔찍했다.

딸 제이드는 동생들이 그렇듯이 오빠인 켄덜을 무던히 쫓아

다녔다. 난 그런 제이드에게 켄덜을 따라 하지 말라고 잔소리를 했다. 제이드가 넘어져서 다치거나 켄덜처럼 흉터를 갖지 않았으면 했기 때문이었다. 그러던 어느 날 나는 제이드의 팔다리에 보이는 상처의 수가 켄덜과 다르지 않다는 것을 발견했다. 여성 차별과 여성 상품화에 대한 수많은 학구적 지식을 머릿속에 가지고 있었지만, 제이드의 상처를 발견한 그 순간에는 상처투성이 다리를 가진 젊은 여성은 매력 없다는 생각밖에 들지 않았다. 남도 아닌 내 딸을 신체 부위로 나눠서 생각하고, 남성에게 매력적으로 보이는지 아닌지를 고민한 것이다. 남성들이 제이드를 보았을 때 느낄 호감을 반감시킬 행동은 저지해야 할 것만 같았다. 이 사건은 내게 남성 위주의 생각 방식이 이토록 머릿속 깊이 뿌리내리고 있음을 알려주었다. 나처럼 맨박스를 의식적으로 생각해온 사람마저도 이런 사고방식에서 쉽게 벗어날 수 없었던 것이다. 여담이지만 제이드는 출중한 실력을 갖춘 소프트볼 선수가 되었다. 내 딸아이는 흙바닥에서 뒹굴고 베이스를 향해 슬라이딩하고 공을 쫓아 몸을 내던진다. 나는 이런 제이드가 매우 자랑스럽다.

한번은 일요일 교회 예배 중에 아들 켄덜이 뒷자리 신도석 여자아이들과 수다를 떨기 시작했다. 켄덜은 워낙 사교성이 좋은 아이여서 처음엔 그 상황이 전혀 걱정스럽지 않았다. 나를 긴장시킨 것은 켄덜의 얼굴에 피어오른 어색한 웃음과 켄덜이 그중 한 여자아이를 쳐다보는 눈빛이었다. 한참 시간이 흘러서야 나는 그 상황이 무엇을 뜻하는지 깨달았다. 예전에 제이드가 "켄덜은 베아트리스를 좋아한대요! 켄덜은 베아트리스를 좋아한대요"라고 외치고 다녔다는 걸 기억해냈다. 드디어 '그날'이 왔다는 생각이 머리를 내리쳤다. 내 눈앞에 그 상황이 펼쳐지고 있었다. 내 아들이 드디어 여자애들은 징그럽다고 여기던 시절을 청산하고 여자 앞에서 긴장한 채 머쓱하게 행동하기 시작한 것이다. 아내 태미와 나는 켄덜의 변화를 동시에 감지했다. 아내는 내게 켄덜과 '진지한 이야기'를 좀 해보라고 재촉했다. 나는 아내에게 말했다. "무슨 진지한 얘기? 쟤는 아직 여섯 살이라고."

물론 남자아이와 여자아이가 서로에게 호감을 느끼는 것 그 자체에는 아무런 문제가 없다. 나를 겁먹게 한 건 그 뒤에 벌어질 일이었다. 켄덜은 당시 고작 여섯 살이었지만 내 머리는 빨리 감기 모드로 작동하기 시작했다. 켄덜의 맨박스가 최대치로 작동할 날이 머지않았다는 걸 감지했기 때문이다. 지금 당장은 켄덜이 여섯 살 남자아이다운 순진한 짝사랑을 하고 있다. 하지만 10년쯤 빨리 감기 해서 열여섯 살이 되었다 치자. 켄덜이 학교 식당에서 한 무리의 친구들과 서 있다. 새로 전학 온 여학생이 처음 보는 켄덜 앞을 지나친다. 그러면 켄덜은 자기 친구들에게 "쟤 한번 따먹고 싶다" "좀 쌔끈한데" 또는 "이야, XX 한번 벌려보고 싶다!" 같은 말을 내뱉을 것이다.

지금도 그렇지만 당시의 나는 켄덜에게 무언가를 설명할 때 매우 많은 공을 들였다. 특히 '남자다움'에 대해서는 수없이 많은 시간을 들여 켄덜에게 설명하고 함께 토론했다. 하지만 여전히 켄덜은 다른 남성들과 주변 남자아이들의 영향에 노출되어 있다. 난 모범적인 아버지로서 켄덜에게 옳은 것이 무엇인지 가르치려고 노력하지만 매일 다른 남성들의 손에 켄덜의 지도 편달을 맡기게 된다. 켄덜은 선생님과 코치, 목사와 같은 다른 남성들에게 늘 영향을 받아왔다. 저 착해 보이는 켄덜의 친구들 역시 지금껏 알게 모르게 다른 남성들의 영향을 받아왔을 것이다.

나는 청소년들을 대상으로 강의할 때 그들이 알고 있는 '남자다운' 행동은 나 같은 아버지뻘 세대에게 배운 것임을 자주 상기시킨다. 내 또래 남성들은 우리 아버지 세대의 가르침을 대변한다. 이처럼 그 시대 청년들이 생각하는 남자다움의 정의는 늘 윗세대의 가르침에 기반을 둔다. 요즘 세대는 다르다고 말하지만 청년들이 알고 있는 '남자가 되는 법'은 대부분 우리 세대 가르침의 산물이 맞다. 우리 세대는 청년들에게 남자로 사는 건 굉장히 멋지고 자랑스러운 일이라고 가르쳤다. 하지만 우리가 가르친 남자다움이 진정한 남자다움인지는 다시 생각해보아야 할 문제다.

청년들과 소년들은 일상적으로 만나는 여러 어른 남성들로부터 어떻게 생각하고 처신해야 하는지, 여성을 어떻게 대해야 하는지를 배운다. 아무리 내가 정성껏 가르치려고 노력을 기울인다지만 그렇다고 내가 켄덜의 방패막이 되어 다른 모든 남성들의 가르침을 걸러내기란 불가능하다.

성인 남성 한 명 한 명이 청소년 앞에서 어떤 말과 행동을 보여줄 것인지 의식적으로 생각할 필요가 있다. 아이들은 학교 운동장에서, 교실에서, 농구장에서, 다른 일상적인 장소에서 맨 박스의 가르침을 보고 배운다. 교사, 운동 코치, 삼촌, 동네 아저씨… 남성 모두가 책임을 느끼고 자신이 청소년들에게 끼치는 영향을 깨달아야 한다. 성인 남성들의 말과 행동이 여성을 바라보는 관점과 삶 전반을 이해하는 청소년들의 시각에 영향을 미친다는 사실을 인지하는 것이 중요하다.

FRESH MEAT

내가 이 분야에 열정을 갖고 일하는 이유 중 하나는 바로 막내 딸 제이드에게 더 나은 세상을 만들어 주고 싶다는 바람 때문이다. 제이드는 똑똑하고 운동을 좋아하는 생기발랄한 십대다. 난 남성들과 세션을 진행할 때 자신이 아끼고 사랑하는 딸들에게 보여주고 싶은 세상을 한번 상상해보라는 주문을 하곤 한다. 남성들에게 이런 상상은 흥미로운 경험이다. 그리고 나서 난 그들에게 질문을 하나 던진다. "상상 속 세상의 남자들이 당신의 딸을 어떻게 대하기를 원하십니까?" 즉각 돌아오는 반응은 딸을 존중해달라는 대답이다. 여기서 조금 더 기다리면 몇 가지 대답이 추가되는데 대개 친절하고 애정을 담아 행동하며 여성을 동등하게 대우하는 것이라 말한다. 이야기를 모두 듣고 나면 그들에게 알려준다. "여러분이 방금 제시한 답변들이 바로 남성들이 이미 머리로는 알고 있으면서도 잘 실천하지 않는 것들입니다."

미국의 여러 대학들과 일하던 중 언제부턴가 '아다'라는 단어가 종종 들려오기 시작했다. 내 고등학교 시절과 대학 시절 그리고 우리 동네에 여자아이가 이사 왔을 때 등장하던 단어였다. 대학교에서는 1학년 여학생들에게 쓰는 말임이 틀림없었다. 대학생들을 상대로 일하다 보니 새삼 다시 듣게 된 단어였다. 나는 이를 계기 삼아 젊은이들과 토론 시간을 갖기로 결심했다. 유소년부터 프로 스포츠팀까지, 고등학생부터 대학생 혹은 그이상까지 각계각층의 젊은이들과 토론할 계획에 착수했다.

한번은 남자 대학생들이 모인 자리에서 '아다'라는 표현이 어떤 느낌을 주는지 물어보았다. 대답은 대부분 처녀성과 초짜임을 강조하는 내용이었는데 "순진한" "깨끗한" "아직 아무도 건드리지 않은" 상태의 여자애를 뜻한다는 답변이 우세했다. 일부 학생들은 "꼭 숫처녀는 아니라도 최소한 이 중 누구도 손댄 적이 없는 여자"라는 설명을 덧붙였고 성적 대상으로서 "정복하고 싶은" "한번 따먹고 싶은" 새내기 여학생이라는 대답도 있었다.

나는 그들에게 자신의 25년 후를 상상해보라고 요청했다. 졸업 후 결혼해서 딸아이를 낳았다고 가정한 후, 이제 성인이 된 딸들이 지금 이 교실 안에 앉아서 '아다'에 대한 우리의 이야기를 듣고 있다면 어떤 기분이 들지 물었다. 말이 끝나기 무섭게 교실 안에는 정적이 흘렀다. 조금 전까지만 해도 낄낄대며 서로 잡담을 나누던 학생들이 하나같이 입을 굳게 다물고 있었다. 어찌나 조용했던지 숨 쉬는 소리까지 들릴 것만 같았다. 남학생들은 관점의 전이를 경험하고 있었다. 지금까지는 '아다'에 눈독 들이는 혈기왕성한 남자였다면 이제는 누군가의 아버지가 된 것이다.

미래의 딸아이가 옆자리에 앉아 있다고 상상하면 '아다'라는 말이 거북하게 느껴진다. 왜 그럴까? 이들이 새로운 관점, 새로운 프레임을 통해 이 표현을 접했기 때문이다. 집단 사회화를 통해 체화한 남성성을 내려놓고 미래의 딸을 대하는 아버지로서의 관점을 갖는 순간 내 딸이 겪을 세상이 어떤 모습이어야 할지 돌아보게 된 것이다.

남자들의 삶은 기본적으로 자동주행 모드다. 문제가 발생하면 그에 대한 반성이나 비판적 사고를 하겠지만, 웬만해서는 평소 하던 대로 남들이 하는 대로 큰 의심 없이 살아가는 걸 선호한다. 신입 여학생을 동물에 비유하는 여성의 비인격화도 마찬가지다.

지금껏 그래 왔으므로 별다른 거부반응을 느끼지 않는다. 하지만 비인격화의 대상이 추상적인 인물이 아니라 자신의 딸이라고 생각하는 순간 의심 없이 내뱉던 표현에 180도 바뀐 반응을 보이게 된다.

남성들이 맨박스를 벗어나 비판적인 사고를 해야 하는 이유가 여기 있다. 내 딸이 '아다' 같은 소리를 들을 수도 있다고 상상할 때 비로소 우리의 관점과 말버릇, 행동을 개선한다. 미래의 내 딸들을 떠올리면 더 이상 '파릇파릇한' '깨끗한'처럼 여성을 비인격화하는 형용사를 사용하지 않게 된다. 한때 '아다'를 묘사하는 데 썼던 형용사들이 더 이상 인격을 갖춘 사람을 묘사하는 말로 들리지 않는다. 왜냐하면 그런 비인격적인 단어들은 우리가 딸들에게 들려주고 싶은 말이 아니라는 걸 드디어 깨달았기 때문이다.

오늘날 대학가의 안타까운 점은 또 있다. 아들들에게 남자다움을 가르치면서 캠퍼스 내 일부 흉악한 남성으로부터 여성들을 보호하기 위해 노력해야 한다고 가르치지 않았다는 것이다. 우리는 대학 캠퍼스의 여학생들이 스스로 자기를 지켜야 하는 현실을 뼈저리게 자각하고 있다. 딸을 가진 아버지가 할 수 있는 것이라고는 젊은 남성들의 행동 방식에 대한 최대한 많은 지식으로 딸을 무장시키는 것뿐이다. 여성에게 던지는 추파와 부적절한 행동, 여성을 입맛대로 조종하기 위한 교묘한 꼼수 같은 것들 말이다. 우리 딸들이 곤경에 처한다 해도 초면의 남성이 딸아이를 구하기 위해 개입하기를 기대하기는 힘들다. 왜냐하면 남성들이 집단으로 학습한 남성성의 규범에 따르면 아무리 옳은 일일지라도 남의 일에 무턱대고 개입할 수 없기 때문이다. 남성이자 아버지로서 생각해보면 참 슬픈 현실이다. 더 안타까운 사실은 여성들이 이런 현실을 이미 인지하고 지금껏 그에 맞춰 살아왔다는 것이다.

둘째 딸 미셸은 브롱크스의 포댐 대학 출신이다. 몇 년 전 내 여성 동료 한 명은 미셸의 예를 들어서 내게 한 가지 깨달음을 주었다. 당시의 나는 나 자신도 성차별적인 생각을 갖고 있다는 사실을 애써 부인하고 있었다. 그 동료와 함께한 여성의 성적 대상화에 관한 토론 중에 나는 별 생각 없이 툭, 말을 던졌다. "솔직히 여자들을 뚫어져라 쳐다보지는 않아요. 그냥 가끔 흘깃 보는 정도죠." 가끔 그럴 때가 있지 않나? 바보 같은 소리임을 알면서도 튀어나오는 말을 미처 주워 담지 못할 때. 뇌보다 입이 조금 더 빨리 움직여서 단어가 입 밖으로 나오는 순간

_____ 맨박스

머릿속은 "안 돼! 멈춰! 말하지 마!" 외치는 상황 말이다. 하지만 입은 제멋대로 움직여서 이미 말을 내뱉은 상황이었다. 그녀는 한심하다는 표정으로 나를 쳐다보더니 "당신 딸 미셸의 일상"이라며 설명을 시작했다.

미셸은 매일 아침 버스와 지하철을 갈아타고 브롱크스와 맨해튼에 있는 학교와 직장 사이를 오간다. 미셸은 학업과 직장을 병행하는 대학교 1학년생이다. 미셸이 다니는 부동산 회사는 남성이 절대다수를 차지하는 곳이고, 미셸은 그곳과 캠퍼스에서 대부분의 시간을 보내고 있다. 그 동료는 내게 이렇게 바쁜 일정을 소화하는 미셸이 평소 지하철에서, 지하철역에서 회사까지 오가는 거리에서, 직장과 강의실에서 매일 평균적으로 마주치는 남성의 수가 몇 명쯤 될 것 같냐고 물었다. 그녀는 자신의 경험에 빗대어 그 남성들의 20~25% 정도가 미셸을 '흘깃' 쳐다볼 것으로 추산했다. 내가 앞서 의도치 않게 인정했듯이 말이다. 미셸의 일상 속 어느 하루에 겪는 남성들의 반응은 수많은 경우로 나뉜다. 어떤 남성들은 그냥 쳐다보거나 미소를 보일 것이고, 뚫어져라 쳐다보거나 옷 속의 나체를 상상하기도 할 것이다. 일부는 "안녕하세요"라고 말을 건네겠지만 누군가는 "거기 이쁜 언니"라며 추근댈 수도 있다. 더욱 부적절한 행동을 하는 놈들은 대놓고 성적인 코멘트를 늘어놓기도 할 것이다. 동료는 대화를 마무리하면서 내게 물었다. "당신도 알다시피 미셸을 이렇게 성적 대상으로 쳐다보는 남자들 대부분은 우리가 소위 선한 남성이라고 생각하는 사람들이에요. 나이를 따져 봐도 미셸보다는 당신 나이에 가까울 걸요?" 내 딸아이를 이런 관점에서 생각해본 경험은 내게 굉장히 강렬한 교훈을 남겼다.

여성의 성적 대상화는 남성들 사이에서 집단적으로 이루어진다. 남성들은 여성을 '대상화'하도록 사회적으로 교육받는다. '대상'이라는 것은 사람이 아니라 물건을 뜻한다. 여성을 열등한 존재로 평가절하하고 거기에 여성을 남성의 소유물로 생각하는 사고방식이 더해지면 치명적이다. 이를 기반 삼아 여성 폭력 문제가 증가하기 때문이다. 이런 일상은 내 딸 미셸만이 겪는 상황이 아니다. 평범한 남성들의 삶 속에 있는 그들의 딸, 아내, 어머니, 누나와 여동생, 할머니, 연인을 비롯한 다른 모든 여성들이 일상적으로 체험하는 현실이다. 여성 지인 누구에게든 평소 여성을 성적인 대상으로 여기는 남성들의 태도를 겪어보았냐고 물어보는 것도 좋은 방법이다. 대답을 듣는 독자들은 자못 놀랄지도 모른다. 이때 기억할 점은 다른 남성들이 여성에게 하는 짓을 자신도 똑같이 반복하고 있을지 모른다는 것이다.

　한 여성 친구에게 물어본 적이 있다. "그럼 왜 남자들이 하는 기분 나쁜 행동이나 말에 대해 바로바로 지적하지 않는 거야?" 그녀의 답변은 이랬다. "말하기 시작하면 남자들은 못 버텨." 그 답변에 대해 곰곰이 생각해보았는데 정말 맞는 말이었다. 당신의 아내나 여자 친구, 파트너가 퇴근하고 집에 왔을 때를 상상해보라. 소파에 널브러져 야구 경기를 보고 있는데 그녀가 당신에게 이웃집 남자가 자신의 엉덩이를 빤히 쳐다봤다고 말한다. 당신은 당장 자리에서 일어나 텔레비전을 끄고 밖으로 나가 이웃집 남자에게 따끔하게 한마디 한다. 상황이 어찌 됐건 감히 당신의 여자를 훑어본 것 아닌가. 이웃집 남자와 약간의 실랑이가 있었다고 치자. 그래도 당신이 이겨서 당당하게 집으로 귀환한다. 내 여자의 명예를 지켜주었다. 그런데 다음 날 그녀가 집에 와서 똑같은 일이 또 벌어졌다고 말한다. 당신은 또다시 리모컨을 내려놓고 밖으로 나와 옆집 남자에게 한마디 한다. 이번에도 이겼지만 몸싸움에서 살짝 다쳐 다리를 절며 집으로 돌아온다. 그리고 셋째 날이 다가오면 대부분의 남성들은 제발 그들의 아내가, 여자 친구가, 파트너가 아무 일도 없었다고 말하기를 간절히 기도할 것이다. 무슨 일이 벌어졌다는 말을 듣고 나면 당신에게는 나서서 상황을 해결할 의무가 생기니 말이다.

여성들은 이걸 안다. 그래서 당신과 다른 남성들을 보호하고자 아무 말도 않기로 결심한다. 여성들은 맨박스에서 비롯된 남자들의 허세가 이런 갈등 상황을 평화롭게 해결하는 데 도움이 되지 않는다는 걸 잘 알고 있다. 따라서 여성들은 남성들의 안전과 자존심을 지켜주기 위해 자신들이 겪은 상황들을 말하지 않고 속에 담아둔다. 심지어 여성들이 내게 털어놓기로는 만약 자신들이 성적 대상으로 취급된 경험을 전부 다 고백하면 자신의 남자 친구나 남편의 절친한 친구들조차 이에 포함될 것이라고 말한다.

켄덜이 열두 살이었던 어느 날이었다. 아들은 집 앞의 잔디를 깎고 있었다. 나는 퇴근길에 운전 중이었는데 집까지 10분쯤 남았을 때 켄덜에게 전화가 왔다. 켄덜은 내게 학교 친구인 샤론네 집에 놀러 가도 될지를 물었다. 학교 친구 여러 명이 샤론네 집에서 놀고 있다며 자신도 가고 싶다는 것이었다. 난 켄덜에게 가는 건 허락하겠지만 잔디 정리를 먼저 끝내라고 했고 켄덜은 알겠다고 대답했다.

집 앞 진입로에 들어서자 켄덜이 잔디 깎는 기계 옆에서 친구들 대여섯 명과 수다를 떠는 모습이 눈에 들어왔다. 난 켄덜 쪽을 쳐다보았고 켄덜은 이내 나를 발견했다.

"무슨 일이니?" 내가 물었다.

"몰라요 아빠, 얘들이 우리 집으로 왔어요." 켄덜이 답했다.

"잔디 깎아야 하는 거 알잖니."

"알아요, 깎을 거니까 진정하세요."

내가 말했다. "그래, 아빠는 진정할 테니 넌 잔디나 제대로 깎아놔라."

켄덜의 친구들에게 손을 흔들어 주고 나는 집 안으로 들어갔다.

내가 언급하지 않은 사실 한 가지는 켄덜의 친구 여섯 명 모두가 여자였다는 점이다. 그렇다. 켄덜의 친구는 전부 다 여자아이들이었다. 상상해보라. 당신은 아들이 있는 아버지인데 어느 날 집에 돌아와 보니 아들내미가 여섯 명의 여자아이들과 놀고 있다. 이때 어떤 생각이 들까? 어떤 질문들이 머릿속에 떠오를까? 이 이야기를 수천 명의 남성들과 나누면서 얻은 답변들은 다음과 같다. 여러분 중 적어도 일부는 나와 같은 생각을 하고 있을 것이라 믿는다.

많은 남성들이 제일 먼저 떠올리는 생각은 "녀석, 장하다" 혹은 "우리 아들, 능력 있네"였다. 그들은 아들이 여자아이들 여섯 명에게 둘러싸여 있는 모습을 보면 자랑스러운 마음이 들 것이라고 시인했다. 아들이 여자아이들에 관심을 갖기 시작했다는 증거이자 여자아이들 또한 아들에게 호감을 느낀다는 증거이기에 그야말로 윈윈이라고 여겼다.

한편 몇몇 남성들은 이 상황이 걱정스럽다고 털어놓았다. 이 상황의 어떤 면이 걱정되는지 물었더니 아들의 성적 정체성에 의문이 생길 수 있기 때문이라고 고백했다. '혹시 내 아들이 게이일까?'라는 의문 말이다. 그럼 남성들은 아들에게 물을 것이다. "그 많은 여자애들하고 뭘 하고 있니?" 아니면 "걔네들 중 누가 제일 마음에 드니?" 남성들이 내게 털어놓기로는 아들이 만약 그 여섯 명의 여자아이들 중 한 명에게라도 호감을 느끼고 있다면 상황은 해결된다고 말했다. 그런데 만약 아들이 누구에게도 호감을 느끼고 있는 건 아니지만 그렇다고 게이인 것도 아니라면 어떤가? 이 질문에 남성들은 말문이 막혔다.

아들에게 되물을지도 모른다. "그중에 누가 좋은데?"

아들이 다시 답한다. "그런 거 아녜요, 아빠. 걔들은 그냥 친구들이에요."

아버지는 다시 묻는다. "그럼 넌 걔들하고 뭘 할 작정인데?"

아들이 답한다. "노는 거예요. 그냥 친구들이라고요."

믿지 못하는 아버지는 재차 질문한다. "무슨 말인지는 알겠는데 그럼 너희는 대체 뭘 하고 노니? 무슨 얘깃거리가 있는데?"

이런 대화 속에서 우리 아들들이 전달받는 메시지는 '성적인 호감이 아니고서는 여자아이들에게 관심을 가질 이유가 없다'는 가르침이다. 이런 메시지는 수없이 많은 남성(그중에서도 악의가 없는 남성)들을 통해 배포된다. 과거에도 그랬고 지금도 그렇다. 오늘날 우리 아들들은 여자아이 한두 명과는 친구가 될 수 있지만 그 이상으로 넘어가면 남성성이 위협받을 것이라는 메시지를 전달받는다. 남성성의 규범을 엮어놓은 맨박스를 단단하게 고정하는 접착제는 호모포비아라고 할 수 있다. 여자들과 어울려 다니는 게이처럼 행동하지 말고 성적으로 끌리는 여자를 제외하고는 관심 갖지 말라는 논리다. 아버지는 아들에게 남자다움의 정의란 '여자들이 할 법한, 여자 같은 행동을 하지 않는 것'이라고 가르친다. 여자들과 최대한 다르게 보일 수 있는 방법은 전적으로 관심을 두지 않는 것이라고 가르친다. 예외적으로 관심을 허용하는 건 오직 성적인 목표가 걸려 있을 때로 한정된다.

이 점에 대해서 다양한 반대 의견이 나올 수 있다. 하지만 적어도 한 가지 현실만은 부인하기 힘들 것이다. 열여덟 살짜리 혈기왕성한 남자아이를 생각해보자. 착한 심성을 가진 평범한 아이다. 마찬가지로 열여덟 살짜리 여자아이가 있다고 가정해보자. 남자아이에게 이 여자아이와 어떠한 육체적 접촉도 가질 수 없다고 하면 대개 남자아이가 갖는 흥미는 급감하게 마련이다. 이 책에서 말하는 내용 중 절대적인 것은 없다. 모든 열여덟 살 남자아이가 그렇다는 것도, 당신의 아들이 그렇다는 것도 아니다. 내가 말하고자 하는 건 현실에서는 이런 현상이 너무나 흔하다는 사실이다.

CHAPTER 4

평범한
남자들의
고백

"남자인 내가
경제권을 갖는 이상,
다른 모든 것도
내 마음대로 할 수 있습니다."
_제임스

MAN BOX

이 챕터는 내가 수천 명의 남성들과 개별 세션 또는 그룹 세션에서 나눈 대화에서 선별한 내용을 담고 있다. 나는 '행동하는 남성들의 모임(A Call To Men, 이하 ACTM)'에서의 활동을 통해 여성 폭력 문제가 전염병만큼 흔한 우리 사회에서 선량한 남성들의 역할이 무엇인지 오랜 시간 연구해왔다. 수많은 남성들이 내게 털어놓은 경험담을 통해 스스로가 선한 남성에 속한다 생각하는 남성들에게 자신의 삶을 돌아볼 계기를 가지도록 돕고자 한다. 우리 사회의 여성들은 너무나 흔하게 남성들의 손에 의한 비극을 경험한다. 남성들이 여성을 열등한 존재이자 소유물이라고 배워왔기 때문이다.

이 챕터 속 이야기들은 이 책을 읽는 평범한 남성 독자들에게 하나의 깨달음을 주기 위해 설계되어 있다. 우리 대다수는 선한 남성임에도 불구하고 일부 폭력적인 남성들의 행동을 허락하는 사회 분위기를 알게 모르게 조성해왔다. 선한 남성의 수가 폭력적인 남성의 수보다 압도적으로 많다. 하지만 선한 남성과 폭력적인 남성 사이의 공통점도 존재한다. 이 챕터에서는 두 부류의 남성들이 공통적으로 가진 관점에 대해 논의할 것이다. 남성들의 이야기를 통해 선한 남성들이 자신들의 순수한 의도에도 불구하고 어떤 말과 행동을 통해 남성지배적 문화를 퍼뜨려왔는지 깨달았으면 한다.

나는 우리 사회의 평범한 남성들을 믿는다. 남성들이 현실을 직시하고 뼈아픈 진실을 깨달을 때 우리의 아버지, 아들, 형제, 친구들도 우리의 행동에 동참하고 책임감을 느낄 것이다.

제이크 이야기 :

이런 얘기들을 자주 생각해보지는 않았습니다. 남자니까요. 다른 남자들과 '남자다움'에 대해 실제로 대화를 나눠 본 적도 없습니다. 물론 살다 보면 주변 남자들에게서 '남자라면 이렇게 해야지' '남자라면 그런 행동은 금물이야' 같은 소리를 듣곤 합니다. 그렇지만 어떻게 해야 남자다운 남자가 될 수 있는지에 대해서는 별로, 아니 아예 얘기를 나눠

본 기억이 없습니다. 여자들에 관한 이야기도 마찬가지입니다. 여자들이 살면서 어떤 일을 겪는지, 찝쩍대는 남자들 때문에 얼마나 난처해지는지 그런 건 전혀 모르고 살았죠.

여성의 성적 대상화에 관한 이야기들은 눈이 번쩍 뜨이는 경험이었습니다. 제가 여자들을 쳐다보는 시선이 그들에게 영향을 미칠 거란 생각을 지금껏 단 한 번도 해본 적이 없었거든요. 제가 매일 여성들을 성적 대상화하면서도 전혀 자각하지 못했다는 걸 인정합니다. 웃긴 건 성폭력범이나 여자들을 때리고 학대하는 나쁜 남자들만 자주 입에 오르내린다는 거예요. 따지고 보면 성차별적인 태도는 스스로가 착한 남자라고 여겨온 저나 대부분의 남자에게서도 볼 수 있는데 말이죠.

모든 것들이 달라 보이네요. 저는 이제야 남자로서 제 행동이 중요하다는 것을 알았습니다. 지금껏 법을 어긴다든지 범죄를 저지른 적이 없으니까 제 행동이 폭력적인 남성들과는 전혀 연관성이 없다고 생각해왔습니다. 하지만 이제는 제 작은 행동이 여성들이 매일 직면하는 고통의 일부가 될 수도 있다는 걸 깨달았습니다.

제이크의 이야기는 남성들이 얼마나 해왔던 대로 행동하고 관습에 의문을 갖지 않는지, 즉 '자동주행' 모드로 살고 있음을 보여준다. 이는 남성들에게서 매우 흔히 관찰할 수 있는 행동이다. 제이크의 고백이 날 들뜨게 하는 이유는 그가 남성 중심주의와 성차별, 여성 폭력 문제를 의식하게 되면서 모든 것을 다시 생각하기 시작했다는 점이다. 이제 제이크는 남자다움에 대한 비판적인 사고력을 갖게 되었다. 다른 말로 표현하자면 '자동주행' 모드에서 벗어나 자신의 행동과 다른 남성들의 행동을 분석하기 시작한 것이다. 제이크는 남성들의 옳지 못한 행동에 의문을 제기하고 청소년에게 바람직한 남자다움의 모범을 보여줄 수 있는 단계에 접어들었다.

함께 생각해보자

- 다른 남성들과 남자다움에 관한 대화를 나눈 적이 있습니까?

- 바람직한 남성상을 장려하고자 하는 목적으로 대화를 나눈 적이 있습니까?

- 건강한 남성상에 대해 자라나는 남자아이들과 대화를 나눈 적이 있습니까?

- 당신이 바람직한 남성상을 장려하기 위해 더 기울일 수 있는 노력은 어떤 것이 있을까요?

샤키르 이야기 :

저는 뮤직비디오를 즐겨 봅니다. 그리고 요즘 뮤직비디오의 상당수가 소프트 코어 포르노 수준이고, 점점 더 심해지는 추세라는 데 동의합니다. 뮤직비디오에서 전하는 메시지는 '당신이 돈 많은 남자라면 섹시한 여자들을 입맛 따라 고를 수 있다'는 것이죠. 여자들은 거의 벌거벗은 차림으로 허리를 돌리고, 남자들 옆에서 굉장히 선정적인 춤을 춰요. 반면 남자들은 그녀들을 무시하는 듯 행동하고요.

여기서 전하는 메시지는 남자인 당신이 결정권자니까 여자들 중 하나를 고르든 전부 데리고 가든 마음대로 할 수 있다는 겁니다. 뮤직비디오에서 흔히 볼 수 있는 장면 중 하나가 바로 남자들이 여자들에게 돈을 뿌리는 모습인데, 여자들이 하나의 인격이라기보다 물건이자 장난감이고 성적 대상일 뿐이라는 점을 더욱 부각시킵니다. 연예계에 있는 제 친구들 말로는 아이러니하게도 뮤직비디오에 출연하는 여성 대부분은 출연료를 거의 못 받다시피 한다고 합니다. 흥미로운 점은 뮤직비디오 속 여성들의 복장이나 춤을 두고 부적절하다며 왈가왈부할 뿐 그런 수요를 만들어내고 유지하는 남자들에게 책임을 묻는 일은 거의 없다는 거죠. 마치 이것이 여성들만의 문제인 마냥 취급하고, 이런 추세를 지속시키는 남성들에 대해서는 충분한 언급조차 없습니다.

샤키르는 우리 사회의 여성 성적 대상화에 대해 뛰어난 통찰력과 분석 능력을 보여주었다. 그리고 성적 대상화와 비인격화 사이의 중요한 연결고리를 파악해냈다. 여성 폭력 문제를 제대로 이해하려면 이 연결고리를 이해하는 것이 매우 중요하다. 상대방을 비인격화시켜 온전한 인격체가 아닌 것처럼 만들면 자연히 그들의 아픔에 대해 둔감해진다. 여성을 비인격화함으로써 선한 남성들조차 여성 폭력을 그저 지켜보기만 하는 것이다. 안타까운 일이다. 이처럼 여성의 성적 대상화와 비인격화는 여성 폭력 문제에 대한 남성들의 무대응을 설명하는 여러 요소 중 가장 큰 부분을 차지한다.

함께 생각해보자

- 당신은 여성의 성적 대상화가 우리 사회의 주된 문제점 중 하나라고 생각하십니까?

- 여성의 성적 대상화를 조장하는 개개인의 행동 중 당신이 고쳐나갈 수 있는 것들은 무엇이 있습니까?

- 여성의 성적 대상화에 대해 다른 남성들과 청소년에게 이야기한다면 어떤 메시지를 전하고 싶습니까?

빌의 이야기 :

저는 나이가 많습니다. 예전 우리 세대 남자들이 여자의 보호자이자 가장 노릇을 할 때가 훨씬 나았죠. 남자라면 누구나 취직을 하고, 월급을 집에 가져다 주고, 한 직장에서 30년쯤 일한 후 금시계 하나를 장만하고 뿌듯해하며 은퇴했습니다. 남자는 가족을 책임지고 여자는 집에서 아이들을 키웠습니다. 아이들이 학교에서 돌아오면 애들 엄마가 집에 있었죠. 우리 세대에는 아이들이 혼자 집을 지켜야 하는 걸 걱정할 필요도 없었고 그 때문에 생기는 문제들을 고민할 이유도 없었습니다.

우리 때엔 부모들이 딸에게 요리를 배워라, 대학에 가라, 남편감을 찾아 결혼하고 가정을 꾸리라고 가르쳤습니다. 그런데 요즘엔 여자들이 더 독립적이에요. 자꾸 직장을 다니려고 하더군요. 남자들이 돈을 버는 만큼 벌고 싶어 합니다. 요새 여자들은 미혼으로 사는 것도 괜찮다고 생각하는 듯하고 일부는 차라리 남자 대신 여자를 사귀기도 하더군요. 요새 몇몇 여자들은 남자들을 업신여기기도 하고 남자의 보호가 필요 없다고도 합니다. 여동생이 이런 소리를 자주 하는데 저는 이게 결혼할 남자가 없는 걸 정당화하려는 변명일 뿐이라고 생각합니다. 하지만 어떤 남자들은 여자가 남자 따위 필요 없다는 듯 행동하는 걸 증오합니다. 그런 행동이 남자들의 기를 죽이기 때문이죠. 사회에서 성공한 여성이 "난 남자가 필요 없어요. 돈도 있고 집도 있고 좋은 차도 뽑았어요. 원하는 건 다 가질 수 있다고요"라고 말하는 건 남자들의 자존심을 건드리는 말이에요. 저는 여자들이 남자들의 이런 성향을 이해하고 일부러 자존심을 깎아내리지 말아야 한다고 생각합니다. 이런 소리 하기 싫지만, 저는 여자들이 여성 폭력 문제를 스스로 초래했다고 봅니다. 누군가를 때리는 게 괜찮다는 게 아니라(저야 폭력은 당연히 반대하지만), 여자들도 자기들이 폭력 문제를 발생시키는 데 어떤 역할을 하는지 좀 알아야 합니다.

빌은 스스로를 '꼰대'라고 인정한다. 하지만 그의 이야기에 공감하는 이들도 있을 것이다. 남성의 손으로 자행되는 여성 폭력을 여성들 스스로가 초래한 면이 있다는 주장은 남성뿐 아니라 여성에게서도 종종 들려온다. 여성이라면 남성의 마음을 이해하고 남자의 자존심이 상처 입지 않도록 맞춰서 행동해야 한다는 발상은 남성들이 매우 자주 언급하는 주장이기도 하다. 하지만 이런 주장은 지배적 위치에 있는 집단이 힘없는 피해 집단에 강압적 관계를 유지하려고 강요하는 방식이다. 이는 여성들이 강압적인 처사에 반기를 들거나 평등을 주장한다면 그 결과로 발생하는 반작용(폭력)은 스스로 불러온 것이나 마찬가지라는 잘못된 시각을 반영한다.

빌의 발언에서 드러나는 중요한 시사점은 여성들이 남자에 대한 반발로 동성애를 선택한다는 인식이다. 빌의 발언에는 동성애자 혹은 양성애자, 트랜스젠더들이 남성을 증오할 거란 믿음이 깔려 있다. 즉 성평등을 주창하는 이들의 진짜 관심사는 남성을 향한 증오 표출이라고 생각하는 것이다. 이런 인식을 가진 남성들은 평등을 외치는 여성들의 주장을 신빙성 없는 것으로 치부하며 이성애 우월주의를 강화한다.

함께 생각해보자

- 남성의 손에 의해 자행되는 여성 폭력 문제를 여성들 자신이 초래한 면이 있다고 생각합니까?

- 우리 사회가 전통적인 성역할을 따르던 시대로 복귀하는 것이 바람직할까요?

- 남성들과 청소년에게 성평등을 알리고, 남성들이 서로에게 책임을 물을 수 있는 분위기를 조성하기 위해 당신이 할 수 있는 일에는 어떤 것이 있습니까?

존의 이야기 :

저는 여자들을 얼빠진 듯 처다보거나 여자에게 손찌검하지 않습니다. 소리를 지르지도 않습니다. 그런 행동을 하는 남자들을 여럿 알고 있지만 그들을 제지한 적은 없습니다. 제 침묵이 다른 남자들에게는 그들의 폭력 행위를 지속해도 된다는 허락을 의미했단 걸 이제야 이해하게 되었습니다. 지금껏 그렇게 생각해본 적이 없지만 그게 사실이더라고요. 저도 일말의 책임이 있다고 해야 할 것 같습니다. 제 일만 신경 쓰면서 그들을 내버려두었으니까요.

하지만 솔직히 말하자면 잘못된 점을 깨달았다고 해서 바로 행동에 나설 준비가 된 건 아닙니다. 다른 남성이 자기 여자 친구나 와이프를 대하는 방식에 대해 간섭하지는 못할 것 같습니다. 도를 넘은 농담을 하거나 하면 아주 친한 몇몇 친구들에게는 뭐라 할 수 있겠죠. 남자들 사이엔 끈끈한 우정 같은 게 있으니까요. 제가 마음을 먹으면 친한 친구 몇몇의 행동 정도는 개선시킬 수 있겠네요. 하지만 좀 더 노력해야 할 것 같습니다.

존은 여성 폭력 문제의 현실을 인식하기 시작하면서 '선한' 남성들이 이 문제에 무관심과 무대응 태도를 보인다는 걸 깨달은 전형적인 사례다. 한번 이런 현실을 깨닫게 되면 이미 알게 된 사실을 부정하기 힘들어진다. 그다음엔 습득한 정보를 행동으로 옮겨야 하는데 이것이 바로 남성들이 넘어야 할 한계이다. 존처럼 남자들의 말과 행동의 의미를 깨닫게 된 것만으로도 진전된 성과를 거뒀다는 걸 부정하는 게 아니다. 다만 진실을 깨닫는 것만으로는 행동을 바꿀 가능성이 낮다. 진실에 대해 침묵을 지키는 것이 힘들어지는 시점이 오면 마침내 행동에 나서리라 생각한다.

함께 생각해보자

- 당신이 지금까지 남성성과 여성 폭력에 대해 읽고 배운 내용에서 습득한 정보는 어떤 것이 있습니까? 이런 정보들이 당신을 행동에 나서게 했습니까?

- 대다수 남성들과 청소년이 여성 폭력 문제를 개선하고자 직접 행동에 나선다면 어떤 결과가 있을 것으로 생각합니까?

칼의 이야기 :

저는 우리 사회의 묵인에 몹시 화가 납니다. 남자로서 우리는 적극적으로 참여할 방법을 찾아야 합니다. 폭력을 쓴 남성들을 작정하고 풀어주는 사법 체계에도 이의를 제기해야 합니다. 남성들은 여성 폭력을 멈추기 위해 지금보다 훨씬 많은 노력을 기울여야 합니다.

착한 남자들이 폭력적인 남자보다 훨씬 많죠. 우리가 뭉치면 폭력적인 남자들보다 한 수 앞설 수 있습니다. 폭력적인 남성들은 폭력을 쓰고도 책임지지 않고 빠져나갈 수 있다고 생각하죠. 우리 같은 착한 남성들이 침묵을 지키고 자기 일에만 신경 쓸 테니까요. 폭력적인 남성들이 꽤 약삭빠르단 걸 인정해야겠습니다. 그들은 다른 남자들이 어디까지 묵인할지 파악하고 공분을 사기 직전까지만 행동하거든요.

폭력적인 남성들은 주로 보이지 않는 곳에서 정신적, 신체적 학대를 자행합니다. 남들 앞에서 실수로 폭력을 쓴다 해도 뺨 한 대 때리는 정도에서 멈추죠. 구경꾼들이 바로 개입하기에는 모호한 수준의 학대 행위에서 멈춘다는 겁니다. 저는 그들이 정신적인 문제가 있는 사람이라고 생각하지 않습니다. 정말 정신적 문제가 있다면 결혼할 여자를 찾는 것도 불가능했을 겁니다. 그들은 자신들이 무슨 짓을 하는지 똑똑히 알고 있습니다. 가해자들은 의심 없이 다가온 여성들의 마음을 교묘하게 조종합니다. 그러고 나서 닫힌 문 뒤에서 그녀를 때리기 시작하죠. 공공장소에서는 하면 안 될 짓인 걸 그들은 알고 있습니다. 바꿔서 말하자면 사적 공간에서의 폭력 행위는 허락된다는 뜻이기도 합니다. 남성들의 대다수는 폭력 남성들이 사적 공간에서 무슨 짓을 하는지 알고 있습니다. 그저 내 일이 아니라고 치부해버릴 뿐이죠. 우리가 모두 아는 표현대로 "집안일은 집 안에서 해결해야" 한다는 거죠.

칼은 여성 폭력에 대해 격분하며 현재 상황에 대해 예리한 분석을 내렸다. 그는 단순히 분노를 쏟아내는 것이 아니라 폭력적인 남성과 그렇지 않은 남성들이 어떤 관계에 놓여있는지 자각하고 있다. 굉장한 통찰력이며 그의 분노를 이해할 만하다.

함께 생각해보자

- 당신은 여성을 학대하는 남성들과 어떤 관계를 유지하고 있습니까? 여성 학대에는 부적절한 발언이나 농담도 포함됩니다. 보통 그들에게 이의를 제기합니까? 동의하는 발언을 합니까? 혹은 침묵합니까?

- 여성을 학대하는 발언이나 폭력에 대해 침묵함으로써 남성들이 전하려는 메시지는 무엇입니까?

제임스의 이야기 :

남자들이 자발적으로 기득권을 포기하고 여자들에게 리드를 맡길 일은 없을 겁니다. 남자인 내가 경제권을 갖는 이상 모두 내 마음대로 할수 있습니다. 뭘 사고 언제 살지 내 말에 따라야 하죠. 원하는 게 있다면 내게 와서 물어야 하는 것도 내가 상대방을 지배하는 방식이죠. 나한테 잘해라, 내 말대로 해라 이런 식으로요.

경제적인 결정권이 있으면 영향력이 생깁니다. 그러니까 남자들이 자기보다 돈을 더 잘 버는 여자들과 사귀거나 결혼하는 걸 싫어하는 겁니다. 생각해 볼 문제입니다. 한 커플이 있는데 여자가 돈을 더 많이벌면 궁극적으로는 그 부부의 벌이가 좋은 것이겠죠. 하지만 대다수남성들은 여성보다 자기가 더 많이 벌어서 경제적인 결정권을 갖고 스스로 남자답다고 느끼기를 원합니다. 맨박스에 담긴 생각은 정말 뼛속깊이 스며들어 있습니다. 가족의 행복마저 해칠 수 있습니다. 우리 세대는 맞벌이를 해야 겨우 먹고사는 수준인데 생각해보면 이런 사고방식은 터무니없고 탄압적이죠.

저는 남자들이 별로 바뀌지 않았다고 생각합니다. 아직도 우리는 여자들이 자기 분수를 알기 원하죠. 정신적으로나 경제적으로나 말입니다. 남자들에게 이런 기대를 버리라는 건 무리입니다. 저는 모두가 평등해야 한다고 생각하는 사람입니다. 그게 옳은 거니까요. 저는 저 자신이 합리적인 사람이라고 생각하고 싶습니다. 하지만 이 문제에 관해서만큼은 제가 진정한 평등을 받아들일 준비가 되어 있지 않다고 느낍니다. 인정하기 싫지만 저는 남자인 제가 결정권을 갖는 게 더 좋거든요.

나는 경제력과 권력 문제를 털어놓은 제임스의 솔직함을 높게 평가한다. 제임스의 말에 동의하기 때문이라기보다는 그의 솔직함을 통해서 많은 남성들이 여전히 고전하는 분야를 논의할 기회가 생겼기 때문이다. 우리 사회는 더 이상 전통적 사회가 아니다. 우리는 맞벌이가 일상적인 사회에 살고 있다. 전부는 아니지만 대다수 가정에서 맞벌이는 필수가 되었다. 나는 많은 남성들이 자신보다 잘 버는 여성에게 도전받는다고 느낀다는 데에 동의한다. 경제적 결정권은 맨박스를 구성하는 주요 부품이기 때문이다. 과거부터 남성들은 경제 소득과 권력을 동일시해왔다. 기억해야 할 점은 성별에 따른 임금 격차가 남성 중심 사회에 여전히 존재하는 부조리 중 하나라는 점이다. 여성들은 동일한 업무를 수행하고도 평균적으로 남성 임금의 78%를 받는다.* 똑같은 업무에 대해서 여성보다 남성에게 높은 임금을 줌으로써 우리 사회가 아직도 남성들을 집안의 가장이자 권력을 가진 존재로 대우한다는 걸 알 수 있다.

- 당신은 여성보다 남성이 권력의 우위를 가져야 한
  다고 생각합니까?

- 여성과 권력을 평등하게 나눠 갖는다면 어떨까요?

- 여성들이 남성들과 똑같은 업무를 수행하고도 더
  낮은 임금을 받는 사회에서 산다는 것에 대해 어떤
  생각을 갖고 계십니까?

● 미 노동통계국Bureau of Labor Statistics의 2018년 발표 자료는 81.8%를 기록하고 있다.–역자 주

켄의 이야기 :

저는 우리가 남자들에게 거는 기대치가 매우 높은 사회에 살고 있다고 생각합니다. 기대치에 못 미치거나 맨박스에서 벗어난 남성으로 성장하면 남성뿐만 아니라 여성들 또한 곱지 않은 시선을 보내죠. (동성애자 권리라든지 여러 분야에서 변화가 있기는 했지만요). 어쨌든 솔직히 말하면 어떤 여자도 '여자처럼' 행동하는 남자를 원하지는 않습니다. 누구도 남자아이가 여자아이처럼 반응하는 걸 보고 싶어 하지 않습니다. 남자애가 예쁜 척을 하고 다니거나 너무 자주 운다면 어떨지 생각해보세요. 우리는 자동적으로 '이건 뭔가 잘못되었어'라고 생각하게 돼요. 저만 해도 그렇게 생각하니까요. 그럼 저는 끼어들어서 말하겠죠. "사나이는 그렇게 행동하는 거 아니다. 남자가 강해져야지. 네 앞가림은 해야지. 뚝 그치고! 자, 남자답게 행동해봐!" 말하고 보니 미친 것 같네요. 어린애한테 이렇게 호통치는 건 정말 몹쓸 짓인 것 같습니다. 하지만 정말 솔직히 말하자면 우리가 이렇게 단련시키지 않으면 그 애는 크면서 힘든 일들을 겪을 거예요. 남자가 좀 여려도 괜찮다는 생각을 하는 부모라도 실제로 자기 아들을 그렇게 가르치지는 않을 겁니다.

켄의 주장은 남성과 여성 모두에게 광범위한 공감을 얻는다.

강요받는 남성성에 대한 문제를 깨닫더라도 남성들은 자기 아들이 변화에 앞장서는 선구자 노릇하기를 원치 않는다. 나는 여성들 또한 이런 입장을 지지하는 것을 종종 보았다. 그것이 자기 아들이든 사귀는 남성이든 여성들은 남자들이 맨박스에서 완전히 벗어나는 것만은 꺼린다. 하지만 다행히도 많은 진척이 이루어지는 중이다. 과거 어느 때보다도 많은 이들이 전통적인 성별 규범과 성 정체성에 저항하며 의문을 던지고 있다.

함께 생각해보자

- 당신은 남자아이들에게 성역할을 가르칠 때 유연한 사고를 가지고 있습니까? 전통적인 성역할을 고집합니까? 남자아이들이 맨박스의 영역을 벗어나도 괜찮다고 생각합니까?

- 엄격한 성역할과 여성 폭력 문제 사이에 연결고리가 있다고 생각하십니까?

- 맨박스의 규범에 따르지 않기로 마음먹은 남자아이들을 응원할 방법에는 어떤 것들이 있을까요?

빅터의 이야기 :

아버지는 제가 남자다움의 개념을 형성하는 데 지대한 영향을 미치셨습니다. 아버지는 맨박스의 전형이셨습니다. 전 자라면서 아버지께 사랑한다는 말을 들어본 적이 없습니다. 제가 자랑스럽다는 말씀은 종종 하셨지만요. 우리 가족은 힘든 일을 많이 겪었지만 저는 아버지가 우는 모습을 본 적이 없습니다. 제가 자란 곳은 그다지 좋은 동네가 아니었는데 그게 아버지의 사고방식에 큰 영향을 끼치지 않았을까 생각해봅니다. 여동생을 대하는 아버지의 태도는 좀 달랐지만 그렇다고 해서 여동생이나 어머니께 사랑한다고 말씀하시는 걸 들은 기억은 없습니다.

열세 살 때의 기억을 되살려 보면 아버지는 제가 곧잘 감정에 북받치는 걸 보고 크게 야단치곤 하셨습니다. 당시 저는 질풍노도의 시기였고 아주 작은 것에도 민감하게 반응했거든요. 저조차도 제가 뭔가 잘못되었다고 느끼던 시기였습니다. 툭하면 여자애처럼 울어 댔으니까요. 아버지는 "난 네가 맨날 우는 데에 질렸다. 너 혹시 약이라도 하는 거냐?"라고 말하곤 하셨습니다. 아버지는 제가 마약을 하지 않는다는 걸 알고 계셨습니다. 아버지가 이런 질문을 하셨다는 게 꽤 흥미로운데요. 아버지는 남자아이의 감정적인 반응을 약물중독자의 변덕스러운 행동과 비슷하게 생각하신 거죠. 아버지는 제 감정적인 행동이 제

어딘가가 잘못됐기 때문이라 확신하셨습니다. 제가 감정적으로 행동하는 걸 극도로 싫어하셨죠.

저는 그때 우울증을 겪었던 것 같습니다. 제가 감당할 수 없는 내적 억압 같은 것이었죠. 아버지는 저를 냉정하게 대하셨습니다. 진심 어린 걱정을 해주기보다 매정하게 괴롭히셨죠. 부모님 중 누구도 제가 상담을 받거나 누군가에게 터놓고 얘기라도 하도록 도와줄 생각을 하지 않으셨습니다. 아버지께서는 아예 도움을 줄 생각 자체가 없으셨던 것 같습니다. 그저 제가 빨리 정신 차리고 의젓해지기를 바라셨죠.

아버지는 이런 얘기를 종종 하셨습니다. "네 여동생이 울게 놔둬라. 여자애들은 울어도 되는 거야. 하지만 너는 저렇게 울면 안 돼. 넌 여자애가 아니라 사나이잖니." 아버지의 말씀은 언제나 똑같았고 제게 큰 영향을 미쳤습니다. 아버지는 제가 여자보다 강해야 하니까 감정 정도는 억제할 수 있어야 한다고 말씀하셨습니다. 아버지 눈에는 우는 것이 나약함의 상징이었죠. 저는 아버지가 저를 자랑스럽게 여기셨으면 해서 그 가르침에 따랐습니다. 속으로 상처받고 있을 때면 그걸 그냥 삼켜버렸죠. 여러 해 동안 저는 이렇게 감정을 속으로 삭여왔고 그 대가를 치러야 했습니다. 만약 제가 다르게 행동했더라면 아버지와 어떤 사이가 되었을지 생각하기 두렵습니다. 아버지가 돌아가신 지 오래지만 어려서도 그랬고 지금도 저는 아버지를 따르는 착한 아들이니까요.

빅터의 부자 관계에는 다양한 시사점이 있다. 아버지들은 남자다움을 구성하는 요건을 확신하고 그 원칙들을 아들에게 가르치는 것이 자신의 의무라고 여긴다. 대다수 아버지들은 남성성에 대한 지식을 의심 없이 그대로 물려주곤 한다. 이때 아들들은 자신의 신념과 아버지를 따르고자 하는 욕구 사이에서 갈등을 겪곤 한다.

함께 생각해보자

- 당신의 아들 혹은 아버지를 생각해보았을 때 빅터의 경험담에서 공감되는 부분이 있습니까?

- 남자아이들이 감정을 표현하거나 속으로 삼키는 것에 대해 각각 어떤 장단점이 있다고 생각합니까?

- 빅터처럼 잘 드러나지 않는 남성들의 우울증에 대해 어떤 생각을 갖고 계십니까?

밥의 이야기 :

저는 여기서 얻은 정보를 제 지인들이나 다른 사람들과 어떻게 공유할지 고민이 됩니다. 낚시 친구들도 있고 포커 게임을 같이 하는 친구들도 있고 클래식 자동차 동호회 친구들도 있죠. 하지만 친구들과 이런 대화의 첫 단추를 꿰는 건 어려울 겁니다. 대부분 남자들은 남성성을 논의하는 상황 자체를 피하고 싶어 하거든요. 참여는 고사하고 끝까지 앉아서 이야기를 듣는 남자도 많지 않을 겁니다.

하지만 저는 다른 남성들과 이 이야기를 공유하고 싶습니다. 그런데 어떻게 해야 상대방이 거북하게 느끼거나 설교를 당하는 것처럼 느끼지 않게 말할 수 있을지 모르겠습니다. 방법을 찾아야 하겠죠. 이건 아주 중요한 이야기니까요. 저는 벌써 제가 어떻게 변화를 시작할지, 제 아내에게 어떻게 변한 모습을 보여줄지, 다른 여성들에게 앞으로 어떻게 반응할지 머릿속으로 생각하고 있습니다. 남은 몰라도 적어도 제가 사는 방식에는 적용할 수 있을 것 같네요.

밥의 딜레마는 많은 남성들의 딜레마이기도 하다. 남성 중심주의와 남성성, 여성 폭력 문제에 대한 목소리를 내기는 쉽지 않다. 우리는 어찌 보면 새로운 세대의 남성들이 출현하는 과정 한

가운데를 지나고 있는지 모른다. 우리 세대야말로 대규모로 나서서 목소리를 높인 첫 번째 세대가 될 것이다. 하지만 이것은 어떤 남성들에게는 생소한 현상이다. 남성들은 다양한 위험 요소들을 걱정한다. 그러다 친구들을 잃지 않을까요? 다른 남자들이 저를 이상하게 생각하지 않을까요? 제가 뭘 포기해야 할까요? 모두 적절한 질문이지만 나는 남성들이 조금만 다르게 생각해보았으면 한다. 내가 변함으로써 여성들에게 어떤 도움이 돌아갈까? 우리 사회 전체에 어떤 이득이 될까? 내 삶은 어떻게 개선될까? 이런 긍정적인 면을 떠올리는 게 도움이 될 것이다.

함께 생각해보자

- 이런 문제들에 목소리를 내려면 노력이 필요합니다. 그럴 용의가 있으십니까?

- 이의를 제기하지 않는 것은 결과적으로 폭력적인 남성을 지지하는 것이라는 이야기에 동의합니까?

- 남성들이 남성 중심주의와 맨박스의 문제들을 보편적으로 논의하기 시작하면 우리 아들들에게는 어떤 영향을 미치게 될까요?

커티스의 이야기 :

운동광인 아내는 매일 아침 조깅을 합니다. 매일같이 새벽 다섯 시에 일어나서 운동복을 입고 문밖을 나서죠. 최근 아내가 호신용 스프레이를 사달라고 했을 때 저는 그게 왜 필요한지 이해가 가지 않았습니다. 우리는 도시 근교 나름 괜찮은 동네에 살고 있거든요. 그런데 호신용 스프레이가 필요하다니 충격이었죠. 우리 동네는 안전하다고 생각했으니까요. 아내의 괜한 노이로제가 아닌가도 생각했고요. 아내의 성격을 아는 사람이면 얼씬도 못할 텐데 하면서요.

그런데 아내 얘기를 듣고 보니 문제는 누가 평범한 남성이고 누가 나쁜 마음을 먹은 사람인지 구분할 수 없다는 것이었습니다. 남자들이 여자를 훑어보는 시선이 다 비슷비슷하다는 거죠. 여자들은 제가 생각한 것보다 훨씬 더 신변의 안전을 의식하며 살고 있었습니다. 저는 평생 아내가 길거리에서 스쳐 지나가는 보통의 남자들을 보면서 불안하다고 느낄 줄은 전혀 몰랐습니다. 하지만 아내로서는 혼자 있을 때 어떤 놈이 몸을 쓱 훑어보면서 다가오면 그다음에 무슨 일이 벌어질지 모른다는 겁니다. "어이, 아가씨" 하며 접근한 놈이 수틀리면 "이 XX년아!" 하고 달려들지도 모른다는 불안감이죠.

그래서 아내가 언제나 주변을 경계해야만 한다는 것을 깨달았습니다.

주변 남성들이 자신을 쳐다볼 때 그냥 쳐다보기만 하는 건지 아니면 특정한 의도를 갖고 자신에게 접근하려 하는 건지 항상 신경을 써야 하죠. 이런 얘기를 듣고 보니, 지금껏 제가 길에서 여자를 쳐다볼 때 그들도 아내처럼 저를 경계했는지 궁금하기도 합니다.

난 오랫동안 여성들과 그들의 삶에 관해 수없이 많은 대화를 나눠왔다. 이를 통해 여성들은 남성과 사랑에 빠지기도 하고, 남성들과 공동체 생활을 영위하면서도 그와 동시에 남성들 때문에 신변의 안전을 걱정하는 삶을 산다는 걸 알게 되었다.

커티스의 깨우침을 환영한다. 아직도 무수히 많은 남성들이 여성들이 어떤 삶을 사는지, 남성들과 공동체 생활을 하는 것이 그들에게 어떠한 경험인지 전혀 깨닫지 못하고 있다. 위험할 수 있으니 주차는 어디에 하는 게 좋고, 해가 떨어진 후에는 여럿이 함께 다녀야 하고, 엘리베이터에 혼자 타지 말되 그렇다고 계단을 사용하는 것도 위험하니 피하라는 그런 삶의 지침들이 여성들을 따라다닌다. 남성들이 여성의 일상적인 삶을 진정으로 이해하기 시작하면 모든 것이 변하리라 생각한다. 남성들이 여성들에게 지원을 아끼지 않으며 더욱 책임감 있게 행동하는 모습으로 변할 것이라고 믿는다.

- 당신 삶 속의 여성들과 함께 그들의 경험, 즉 남성들과 함께 어울려 사는 생활에 대해 시간을 내어 대화를 나눠 본 적이 있습니까?

- 당신 주변의 여성들은 하루에 몇 차례 정도 신변의 안전에 대해 걱정한다고 생각하십니까?

- 여성을 보호하는 것 이외에 남성으로서 우리가 현실을 바꾸기 위해 무엇을 할 수 있을까요?

CHAPTER 5

여성들과
관계 맺기

남자는 결혼 생활이나
동거를 오래 지속해온 경우에만
섹스를 거절할 수 있다.

MAN BOX

이번에 소개할 내용은 내가 특히 좋아하는 맨박스 이야기들이다. 몇몇 이야기들은 유머러스하지만, 중요한 것은 이런 이야기들이 우리 주변의 여성(아내, 여자 친구, 어머니, 직장 상사, 이웃)을 대하는 모습을 되돌아볼 계기를 준다는 점이다. 나는 남성들에게 종종 자신의 무지함을 웃어넘기는 여유가 필요하다고 생각한다. 여성들을 깎아내리면서 비웃거나 여성들이 남성 때문에 겪은 불쾌한 경험을 두고 농담하라는 것이 아니다. 이 이야기들은 궁극적으로 교훈을 주기 위한 내용이다. 배워서 더 나은 남자가 될 수 있도록 말이다.

나는 이 책이 나의 경험만으로 채워지지 않기를 바랐다. 남성성의 그릇된 발현은 전 세계적으로 관찰되는 현실적인 문제이기 때문이다. 남성 모두가 노력을 기울여서 여성과의 과거, 현재, 미래 관계를 치유해야만 한다. 나는 남성들이 그걸 이뤄

낼 수 있을 것이라고 믿는다.

짐의 이야기 :

짐은 63세이다. 이 이야기는 35년 전 그가 대학생 때의 일이다.

짐과 그의 대학 친구(이 일 이후로 그들은 평생 친구로 남았다)는 바에서 술을 마시고 있었다. 그들은 바에서 여성 두 명을 만났고 저녁 내내 넷이서 술을 마시고 이야기를 했다. 늦은 밤이 되어 술집을 나설 때가 되자 여성들은 짐과 그의 친구를 자신들의 아파트로 초대했다. 아파트에 도착하자 짐의 친구와 여성 중 한 명은 바로 침실로 향했고, 다른 여성과 짐은 단둘이 남겨졌다. 여성은 분명 그에게 호감이 있어 보였다. 짐이 원하기만 한다면 그와 잘 의향도 있어 보였다. 짐이 말하기로는 그 여성이 분명 착하고 매력적으로 느껴졌지만 그녀와 섹스하고 싶다는 마음은 들지 않았다고 한다. 시간이 흐를수록 짐은 둘만 남겨진 상황이 불편하게 느껴졌고 시간을 때우기 위해 그녀와 소소한 잡담이라도 나누려고 노력했다.

20분쯤 지났을까. 세상 돌아가는 이야기, 날씨 이야기, 듣고 있는 수업 중 어떤 것이 마음에 드는지 등 잡다한 이야기를 동원하던 짐은 이제 집에 가야겠다고 마음을 먹었다. 여성에게 인사를 하고 침실 문에 노크한 뒤 친구에게 집에 가자고 말했다. 여성들의 아파트로 오면서 짐의 차를 타고 왔으므로 하던 일을 서둘러 마치게 된 친구는 예상했던 대로 신경질을 냈다.

35년이 지난 지금도 그 친구는 만날 때마다 굳이 그날의 일을 끄집어내 상기시킨다. 짐이 설명하기로는 이렇다. 짐과 친구가 각자의 아내를 데리고 저녁 식사를 하러 간다. 아내 둘이 화장실에 간 사이 매력적인 여성이 테이블 앞을 지나가기라도 하면 아니나 다를까, 친구는 그때 이야기를 꺼낸다는 거다. "우리 대학 때 기억나지? 네가 섹스하고 싶지 않다고 해서 나까지 하던 거 그만두고 나오라 그랬던 일 말이야."

짐의 이야기는 맨박스가 현실에서 작동하는 모습을 보여주는 좋은 예이다. 짐이 섹스를 원하지 않았다는 사실을 친구는 이해할 수 없었다. 뿐만 아니라 도무지 잊을 수 없는 사건으로 머릿속에 각인되었다. 왜냐하면 남성들은 '남자라면' 절대로 섹스를 거부하지 않는다고 배웠기 때문이다. 게다가 여성들과 관계를 형성하는 주목적은 바로 성관계라고 배워왔다. 맨박스에 따르면 섹스를 할 기회를 낚아채지 않는다는 것은 남성으로서 어딘가 문제가 있다는 뜻으로 풀이된다. 결혼생활이나 동거를 오래 지속해온 경우에만 남자는 섹스를 거절할 수 있다. 이때 동원할 수 있는 이유는 '피곤하거나 혹은 내키지 않아서'일 것이다. 짐의 경우 다행히 또래 집단의 압력에 굴복하지는 않았지만 섹스를 해야 한다는 심적인 압박을 느꼈다는 것 자체가 문제라고 할 수 있다. 맨박스는 여성이 수절하면 열녀문을 세워주지만 남성이 빼는 것은 수치스러운 일이라고 말한다. 이처럼 맨박스는 남성이 섹스할 준비가 되어 있지 않거나 여성이 원치 않는 상황에서도 '남자라면' 응당 섹스를 원하고 요구해야 한다고 압박을 가한다. 맨박스식 발상은 강간이나 성폭력 같은 폭력 상황을 일으키는 정신적 기반이 된다. 남성들이 남자다움을 증명하고자 섹스를 선택할 때 폭력을 동원할 가능성은 높아진다.

폴의 이야기 :

아버지는 내가 다섯 살 때쯤부터 출장으로 집을 비우기 시작하셨다. 큰누나인 샤론은 당시 열 살이었다. 아버지는 출장 준비를 하면서 나를 보고 "폴, 아빠는 출장을 다녀올 거니까 네가 집안의 가장이 되어야 한다. 엄마랑 누나들이랑 네 동생을 잘 돌봐야 해!"라고 말씀하셨고, 나는 "네, 아빠!" 하며 조그만 가슴팍을 내밀곤 했다. 어머니는 미소 띤 얼굴로 나를 바라보았고 완다 누나는 못마땅한 표정을 지었다. 다섯 살이었던 내게는 저녁 여덟 시가 취침 시간이었다. 난 침대에 누워서 잠을 청했지만 여느 때처럼 한 시간쯤 지나자 1초도 견딜 수가 없다. 왜냐하면 내 방 옷장 속에 숨어있는 귀신이 나를 계속 쳐다보고 있었으니까!

그때마다 난 침대에서 뛰쳐나와 샤론 누나의 방으로 달려가곤 했다. 누나는 방 안 의자에 앉아 책을 읽거나 음악을 듣고 있었다. 나는 누나에게 제발 같이 자게 해달라고 빌었다. 누나는 내가 쩔쩔매며 비는 꼴을 몇 분쯤 지켜보다가 지긋지긋하다는 표정으로 침대로 들어가라고 말했다. 안도의 숨을 내쉬며 나는 누나 침대 위로 점프했고 안전한 이불 속에 몸을 뉘었다. 이불을 턱 끝까지 잡아당기면서 누나 쪽을 돌아보고 말했다. "그래도 잊어버리면 안 돼. 아빠는 내가 이 집의 가장이랬어." 그런 나를 쳐다보며 누나는 웃곤 했다.

아버지가 다섯 살에서 열 살 남짓한 아들에게 집안의 가장이 되라고 말하는 것은 미래를 위한 준비 단계라고 할 수 있다. 우리는 다섯 살짜리 남자아이는 아무것도 책임질 능력이 없다는 걸 알고 있다. 여덟 시면 잠이 오는데 대체 뭘 책임진다는 건가? 뭐 하나 책임질 능력이 없다. 아버지가 아들에게 한 말은 결국 미래를 위한 준비 단계인 것이다. 이때 말하는 미래는 아들이 자라나 각자의 가정을 꾸리는 시점을 말하는데 아들이 남자로서 가정을 책임질 수 있도록 연습을 시키는 것이다. 생각해보라. 우리는 딸들에게 무언가를 책임져야 한다고 말하는 경우가 거의 없다. 딸이 나이 차가 큰 맏이이거나 부모가 둘 다 집을 비워야 하는 특수한 상황이 아닌 이상에는 말이다.

남성들에게 이런 질문을 던지고 싶다. 아버지가 아들에게 집안을 책임지라고 말할 때 우리는 아들에게 어떤 메시지를 던지는 것인가? 아들에게 네가 우리 집의 가장이라고 말할 때, 그럼 어머니는 가정 내에서 어떤 역할을 한다고 암시하는 것인가? 여기 담긴 메시지는 바로 여성은 집안의 가장이 아니며 무언가를 책임질 능력이 없고, 남자가 책임져주어야 하고 남자의 돌봄을 받아야 하는, 신뢰할 수 없는 존재라는 것이다. 그뿐만 아니다. 딸 또한 자신의 남자 형제가 가장으로 임명되는 걸 보면서 일종의 가르침을 얻는다. 남자 형제들은 조금 부족한 면이 있더라도 가장이 될 자격이 있지만 너는 불가능하다. 너는 남자의 돌봄을 받아야 한다. 너는 남자아이보다 못하고, 절대 남자아이와 같은 능력을 갖출 수 없다. 남성들은 일부러 딸아이와 여성들을 괴롭히거나 열등해지기를 바라고 이런 말을 내뱉는 게 아니다. 그저 자기 아들을 의젓한 남자로 키우려는 마음에서 이런 말을 한 것뿐이다. 문제는 남성들이 그저 평소 하던 대로 행동한다는 점이다. 남성들은 자동주행 모드에서 벗어나야 한다. 이런 이슈들을 적극적으로 고민해보고 더 나은 남성상을 제시하기 위해 노력해야 한다.

존의 이야기 :

존과 나는 몇 년째 함께 일하는 동료이다. 다음 이야기는 존이 약 스물다섯 살이었던 무렵의 일이다.

존은 가라데 학원에 등록해서 초급반 수업을 듣기 시작했다. 같은 수업에서 만난 매력적인 여성에게 데이트를 신청했다. 둘은 금세 가까워졌고 곧 사귀는 사이가 되었다.
모든 것이 순조로웠고 애정 또한 깊어지고 있었다. 하지만 얼마쯤 지나자 존은 가라데 수업에 흥미를 잃고 수강을 취소했다. 반면에 여자 친구는 꾸준히 가라데를 배웠다. 그리고 몇 년쯤 지나자 여자 친구는 수준급 가라데 전문가가 되었다. 그들의 연애에는 아무런 문제가 없었지만 존은 자신의 여자 친구가 가라데 전문가가 되었다는 사실이 점차 불편하게 느껴졌다.

불편함을 느끼는 근원을 스스로 돌아본 결과, 이 모든 것이 그녀가 가라데 전문가라는 사실과 관련 있었다. 존의 진짜 걱정거리는 그녀가 마음만 먹으면 존을 '혼쭐낼' 수 있다는 것이었다. 존은 자신의 불안감이 조금 유치하고 미성숙하다고 인정했지만 어색한 감정을 털어낼 수 없었다고 한다. 그는 친구들 앞에서 여자 친구 이야기가 나왔을 때의 당황스러움에 대해 언급했다. 특히 남자 친구들 앞에서는 여자 친구의 가라데 수준이 별것 아닌 양 깎아내리려 했지만 통하지 않았다고 한다. 친구들은 존을 놀리면서 여자 친구에게 '쫄아서' 꽉 쥐여산다고 말했다.

존은 결국 여자 친구와 헤어졌다. 자신이 여자 친구보다 힘이 약하다는 친구들의 놀림이 존에게는 큰 영향을 끼쳤다. 존은 그 놀림 때문에 여자 친구와 헤어지기로 결심했다. 존은 당시의 선택을 후회한다고 말했다. 마치 어린애들 사이에서나 있을 법한 이야기 같지만, 엄연히 존이 성인이었을 때 벌어진 일이다.

존이 겪은 상황은 남성들 사이에서 흔히 벌어지는 일이다. 차이점이라면 대부분의 남성들은 자신보다 신체적으로 강하다고 느껴지는 여성과 사귈 생각 자체를 하지 않는다는 정도다. 남성들은 자신보다 키가 크거나 덩치가 큰, 힘이 센, 지위가 높은, 혹은 돈을 더 잘 버는 여성과 사귀는 것을 버거워한다. 방금 나열한 성질들은 사회적으로 학습된 전형적인 남성성의 조건이며 이런 성질을 여성이 가질 경우 남성은 위축될 수밖에 없다. 그리고 위축된 남성은 자신이 반쪽짜리 남자라고 느끼게 된다. 남성들은 자신이 필수적으로 권력과 영향력을 가져야 하며 여성들을 지배하는 위치에 서야 한다고 생각한다. 그렇지 못하다면 남자로서 실격처럼 느껴지는 것, 그것이 맨박스의 발현이다.

테드의 이야기 :

다음은 ACTM의 공동설립자인 테드 번치가 교회에서 경험한 내용이다.

남성은 한 교회의 오래된 신도인데, 어느 날 그가 자신의 아내를 폭행한 사실이 알려졌다. 이 남성은 교회에서 지도자 역할을 맡고 있었으며, 그의 가족과 친지 여럿 또한 같은 교회 신도이기도 했다. 그의 아내가 당한 신체적 폭행은 매우 심각한 수준이었으므로 어떤 식으로든 그에게 제재가 필요했다. 교회 차원에서 쉬쉬하고 넘어가는 것은 선택 사항이 아니었다. 한 신도가 나서서 교회 운영진에게 가정 폭력 대응 지침을 제정하자고 건의했다. 그 신도가 마침 테드의 활동에 대해 알고 있었기에 교회 목사와 테드가 만나서 이야기할 수 있도록 자리를 마련해주었다.

목사는 테드에게 구체적인 상황 설명을 했다. 설명을 들으면서 테드는 목사가 이 상황에 어떻게 대처해야 할지 몰라 눈에 띄게 스트레스를 받고 있음을 알아차렸다. 폭력 당사자가 교회 내에서 잘 알려진 신도이자 지도자였기 때문이었다. 목사는 딜레마에 빠져 있는 듯했다. 폭력 당사자에 대한 조치가 필요하다는 점은 알고 있었지만 신도 집단의 큰 부분을 차지하는 그의 가족과 친지들이 어떤 반응을 보일지 고민에 사로잡혀 있었다. 대화를 나누던 중 테드가 목사에게 질문을 던졌다. "만약 그 신도가 목사님을 폭행했다면 어떡하시겠습니까?"

목사가 즉각 대답했다. "교회에서 내보내야죠. 그가 신앙생활을 지속하도록 독려하겠지만 교회는 다른 곳으로 다녀야 할 겁니다."

테드가 상황을 정리했다. "그럼 그렇게 방침을 세우시면 되겠네요."

해결책은 간단해 보이지만 목사는 정황에 얽매여 있었다. 폭력 당사자가 남성이고 그가 다른 남성에게 폭력을 행사했다면 명백한 공격이자 폭행 범죄로 인정되었을 것이다. 하지만 이 경우에는 남성이 여성(그의 아내)을 때렸으므로 수많은 부가적인 질문들과 의구심이 따랐다는 걸 알 수 있다. 그 여성의 행동에는 문제가 없었나? 그녀가 남편을 먼저 도발하지는 않았나? 이런 가정사에 교회가 개입하는 것이 옳은가? 부부 사이의 일이 나와 상관있는가? 나의 결정이 교회에 어떤 영향을 미칠까?

이 선량하고 신심이 깊은 목사의 머릿속에는 폭행당한 여성(아내)이 남성(남편)에게 귀속되는 존재이고, 부부 간의 문제는 그가 개입할 바 아니라는 핑계가 자리 잡고 있었다. 여기서 우리는 선량한 남성이 여성 폭력을 이해하고 대처하는 방식에 남성성의 집단 사회화가 어떻게 영향을 미치는지 다시금 관찰할 수 있다.

데이브의 이야기 :

데이브의 이야기는 그 자리에 함께 있었던 친구로부터 선해 들은 것이다. 전형적인 도시남의 맨박스 이야기라고 할 수 있다.

데이브의 일화는 그와 그의 친구 다섯 명이 길거리에 서 있는 장면에서 시작한다. 매력적인 여성이 그들 앞을 지나가고 그들은 그녀를 위아래로 훑어본다. 그중 한 명(편의상 '진상'이라고 부르자. 어떤 상황에서도 말을 나불거리는 그런 타입 있지 않은가)이 그녀를 향해 외친다. "거기 언니, 완전 섹시한데! 내가 죽여줄까?" 이런 경우 대부분 여성들은 진상의 부적절한 발언을 익숙한 듯 무시하고 지나가곤 했는데 그날만은 달랐다. 그 여성이 뒤돌아보더니 제대로 쏘아붙인 것이다.

그녀는 욕을 섞거나 목소리를 높이지 않은 채로 진상을 따끔하게 혼내주었다. 그녀의 말발 센 공격을 받고 나자 데이브와 친구들은 너 나할 것 없이 "우우우" 하고 외쳤다. 나는 데이브에게 이런 반응이 무엇을 뜻하는지 물었다. 데이브는 친구들이 여자에게 굴욕당한 진상을 놀리는 것이라고 말했다. 말씨름에서 여자에게 지는 것은 남자에게 지는 것보다 훨씬 치욕스러운 일이다. 그는 친구들 앞에서 쪽팔리게 여자에게 당한 것이었고 맨박스에 따르면 이것은 있을 수 없는 일이었다. 결국 진상은 남자로서의 자존심이 걸렸다고 생각하며 반격에 나섰고 한 마디도 지지 않으려는 듯 그 여성과 실랑이를 이어갔다. 여성과의 말 싸움에서 도저히 이길 수 없다는 게 명백해진 다음에도 그는 포기할 줄을 몰랐다. 포기하면 친구들이 뭐라고 생각하겠나? 이미 친구 녀석들은 배꼽을 잡고 웃고 있었다. '네가 여자랑 붙어서 졌다는 걸 우리는 두고두고 잊지 않고 놀릴 것'이라는 의지를 똑똑히 보여주는 것이었다. 이 여성은 진상의 남자다움을 위협하며 그를 맨박스 밖으로 몰아내고 있었다.

절망적이 되어 화가 치민 그는 이윽고 욕을 하며 여성을 때릴 듯 위협하기 시작했다. 그녀를 뒤쫓아 가려고 시도하기까지 했다. 데이브 말로는 결국 자신과 나머지 친구들이 진상을 붙잡아서 제지해야 했다고 한다. 그가 계속해서 여성을 위협하고 비인간적인 말을 내뱉었기 때문이다. 이내 여성이 물러서자 진상은 그제서야 남자의 자존심을 되찾았다. 자신이 여성을 제압했으니 이제 친구 녀석들과 동등한 위치로 돌아온 것이다. 자신이 여자보다 세다는 걸 증명했으니 친구들 앞에서 얼굴을 들 수 있었다. 비록 폭력적이고 과격한 행동을 동원해서 증명했지만 말이다.

이 일화는 남성이 다른 남성들 앞에서 자신의 남자다움을 증명하기 위해 극단적인 방법까지 동원한다는 걸 보여준다. 특히나 여성에게 도전을 받았다면 더욱 그렇다. 이야기 속 등장인물들 또한 대체로 평범한 우리 사회의 남성들에 속한다는 점을 기억하자. 그럼에도 남자의 위상에 집착하고 여성을 찍어 내리려는 행동은 우리 사회에서 매일같이 벌어지는 일이다.

게리의 이야기 :

아내와 나는 빅토리아풍의 오래된 주택에서 살고 있다. 우리는 낡은 주방을 고쳐보기로 했다. 바닥만 남기고 다 뜯어내어 작업하기로 한 것이다. 난 손재주가 좋은 편이었다. 우리가 계획한 수리 범위에는 석고보드 시공부터 페인트칠 그리고 잡다한 수리 업무까지 포함되어 있었는데 이 정도는 거뜬하다 싶었다. 목공 일이나 건축을 배운 적은 없지만 기본 상식과 남자로서의 직관만 있다면 문제없었다.

내 딸 샤론은 크리스마스 선물로 내게 공구 벨트를 선물했다. 공구 벨트를 찰 때마다 나는 맨박스의 자랑스러운 홍보 모델로 변신했다. 내가 바로 남자다움의 극치라고 느껴졌다.

내가 나무 자재에 못을 두드려 박는 방법에만 빠삭하다면 아내는 나와 다르게 어떤 종류의 못을 사용해야 하는지도 아는 타입이었다. 아내는 원래 다방면에 관심이 많았다. 하여튼 이번 대공사 프로젝트는 아내의 조언을 구하지 않고 내가 혼자서 추진하기로 결정한 일이었다. 난 주방을 돌아다니며 뜯고 박고 붙이기 시작했다.

아내가 주방에 발을 들여놓으려 하면 내 안의 '남자의 그 무언가'가 반응하는 것을 느낄 수 있었다. '당신이 여기 왜 들어오는데? 뭘 원해? 내가 작업하는 거 안 보여? 그리고 제발 좀 작업에 대해 이것저것 물어보거나 주방 한가운데 서서 이곳저곳 들여다보지 않았으면 좋겠어.' 아내가 어쩌다 질문하기 시작하면 난 발끝에서부터 치밀어 오르는 '남자의 그 무언가'가 머리 꼭대기까지 솟는 걸 느낄 수 있었다. 인정하려니 부끄럽지만 아내가 내 작업 결과를 검사한다는 느낌이 들 때면 나는 유난히 예민하게 반응하곤 했다.

이런 이유로 아내는 대공사 프로젝트에 대한 말을 아꼈다. 내가 작업하는 동안 친구 녀석들이 들러 이런저런 조언을 남기는 것은 물론 대수롭지 않게 느껴졌고, 난 그들의 의견을 반기기도 했다. 내 친구들보다 아내가 아는 것이 훨씬 많고 똑똑한데도 말이다. 내가 주방 프로젝트를 주도하면서 가진 태도를 되돌아보면 아내의 의견을 친구들 의견보다 덜 소중히 여겼다는 걸 알 수 있었다. 아내가 내게 '남자가 할 일'로 분류되는 작업에 도움말을 주려 하면 남자로서의 자존심이 깎이는 느낌이었다. 맨박스의 가르침에 따른 결과였다. 맨박스 바깥으로 튕겨 나갈 것처럼 느꼈던 것이다.

아래는 게리와 추가로 나눈 대화에서 그가 말한 내용이다.

"남자들에게 어렵게 느껴지는 부분이 뭐냐면요. 여자에 대한 인식과 여자를 대하는 법을 다시 배워야 한다는 겁니다. 지금껏 몸에 깊게 밴 인식을 재정립해야 하는 거죠. 전 남자들이 어떤 이슈에서건 여자들의 의견과 생각, 제안, 충고를 진심으로 가치 있게 여겨야 한다고 생각합니다. 여성을 남성만큼 존중할 때 우리는 남자가 우월하고 여자는 열등하다는 성차별주의를 뿌리 뽑을 수 있어요. 저는 이런 상황에서 남자들이 자신을 '덜 남자답게' 느끼는 게 본질이라고 생각하지 않습니다. 대부분 남자들은 이유도 모른 채 자신이 느끼는 감정을 제대로 묘사하지 못하고 있습니다. 단순히 기분이 나쁘다, 신경질이 난다 또는 여자들에게 화가 난다. 이렇게 반응하죠. 맨박스는 우리가 그런 식으로 반응해도 된다고 가르치거든요."

마크의 이야기 :

이 일화는 내가 가장 좋아하는 맨박스 이야기 중 하나다. 마크의 동네에 있는 인테리어 용품점에서 벌어진 일이다. 알다시피 이런 곳에서 맨박스의 활약은 두드러진다.

몇 년 전 아내와 나는 집 안 화장실 리모델링을 시도했다. 아내는 내가 벽에 패널을 대주기 원했는데, 전체 벽이 아니라 벽 높이의 절반 짜리 하프 패널을 원했다. 아내와 난 인테리어 용품점으로 향했다. 맨박스의 규칙에 따라 우리가 마트에 들어선 순간부터는 남자인 내가 말하기로 되어 있었다. 왈가왈부할 여지는 없었다. 맨박스의 철칙이니까.

하프 패널을 찾아서 마트 안을 돌아다닌 지 10분쯤 됐을까. (거의 모든 상황에서 그렇듯이) 웬만하면 남의 도움 없이 내가 알아서 해결하고 싶었지만 마트 전체를 찾아봐도 하프 패널을 찾을 수 없었다. 난 도와줄 점원을 부르기로 했다. 남자 직원이 나타난 순간부터 아내는 내 뒤에 조용히 서 있었고 내가 말을 시작했다. 나와 남자 직원 사이의 대화는 이런 식으로 전개됐다.

"안녕하세요?"

"네, 고객님. 무엇을 도와드릴까요?"

"제가 하프 패널을 찾고 있는데요. 왜 그거 있죠? 반쪽짜리 패널인데 테두리에다가 몰딩을 쭉 두를 수 있는 거요."

"죄송합니다만 어떤 물품을 말씀하시는지 잘 모르겠는데요."

"그거 있잖아요, 반쪽짜리 하프 패널요. 뭔지 몰라요?"

이런 식의 대화가 1분쯤 진행되었을 때, 아내는 내가 바보짓을 하는 것을 지켜보는 데 넌더리가 난 듯 상황에 개입했다. "징두리판벽이요." 아내가 말했다.

그러자 남자 사원은 맨박스의 규칙을 따를 생각일랑 없었는지 맨박스에 위배되는 중대한 실수를 저질렀다. 맨박스의 규칙에 따르면 그 상황에서 남자 사원은 나에게 시선을 고정한 채 아내의 말은 못 들은 체해야 했다. 그러나 그는 맨박스 코드를 깨면서 남자 간의 결의를 짓밟고 말았다. 바로 고개를 돌려 아내를 쳐다보며 "아, 징두리판벽 말씀이세요? 다양한 모델이 있으니 안내해드리겠습니다." 하고 말한 것이다.

"다행이네요. 어떤 종류가 있죠?" 아내가 말했다.

이쯤 되자 그 둘은 나를 아주 배제한 채로 대화를 시작했다. 직원은 아내에게 "이쪽으로 오시죠"라고 말했고 두 사람은 징두리판벽 코너로 걷기 시작했다. 나는 둘의 뒤를 쫄래쫄래 쫓아가야 했다. 그럴 거면 아예 팔짱이라도 끼든가 손을 잡고 가시지 그래, 하는 기분이 들었다. 내가 맨박스를 과시할 기회는 무참히 짓밟혀버렸다.

이 일화는 맨박스가 어떻게 작동하며 남성들이 맨박스에서 벗어나려면 어떻게 해야 하는지 생각할 점을 던지고 있다. 우리가 이 세대에서 진정한 성평등을 이루고자 한다면 남성들이 맨박스에서 벗어나는 것이 필수적이다. 여성을 존중하는 방법과 더불어 자라나는 아이들과 청소년에게 무엇을 가르칠 것인지를 고민하는 자세가 필요하다.

CHAPTER 6

아이들이
알아야 할
진짜 남자다움

맨박스는 남성들이
감정의 가드를
한껏 올리게끔 만든다.
가드를 내려놓고
감정에 충실하는 것은
자신을 제대로
통제하지 못한다는 의미로
받아들여지기 때문이다.

MAN BOX

내 상담 대상 중에는 운동선수들이 많다. 그래서 난 평상시 운동 코치들과 교류하는 데 많은 시간을 소비한다. 내가 관찰한 바에 의하면 운동 코치들은 젊은이들과 청소년의 삶에 지대한 영향을 미친다. 우리 사회를 보면 남성들이 우러러보곤 하는 집단이 있는데, 운동 코치들은 바로 이런 집단의 하나이다. 운동 코치들이 일반적인 남성들의 사고방식에 행사하는 영향력이 막대할 수밖에 없는 이유다. 이 챕터에서는 그들이 가진 영향력과 책임에 대해 논의하고자 한다. 이야기의 대상은 운동 코치들만이 아니라 어린 소년들을 지도하는 멘토나 교사, 학부모, 청소년 상담사 모두를 포함한다. (당신이 운동 코치가 아니라면) 누군가의 롤모델로서의 자신을 떠올리며 읽어보기 바란다.

오늘날 젊은이들과 청소년은 '남자다움'을 정의 내리는 데 많은 어려움을 겪고 있다. 남자가 된다는 것은 분명 멋진 일이지만 소년들을 볼모로 잡는 과다한 남성성의 조건들은 건강하고 바람직한 남성상을 체득하는 데에 부정적인 영향을 미친다. 흔히들 말하는 남자다움의 정의에 따르면 소년들은 아픔과 상처를 느낄 때 이를 부정해야만 한다. 유일하게 허락받은 감정 표현이라고 해봐야 화를 표출하는 정도다. 우리 사회는 소년들이 평소 너무 친절하거나 상냥하지 않은지, 너무 동정심이 많거나 애정 표현을 남발하지 않는지 곧잘 시험대에 올려놓곤 한다. 남자가 되려면 물러터지지 말아야 한다고 가르친다.

소년들이 미래에 어떤 모습으로 자라날지 생각할 때 우리의 딸들을 위해 만들고자 하는 세상을 기준 삼아야 한다. 앞서 상상해보았듯 딸들이 평등하게 존중받는 세상에서 남성들은 친절하며 예의 바르다. 우리가 기대하는 소년들의 모습은 어찌하다 보니 저절로 만들어지는 게 아니다. 우리의 딸들을 염두에 두었을 때 떠오르는 젊은이들과 청소년의 바람직한 행동들은 성인 남성들이 먼저 발 벗고 나서서 가르쳐야만 가능하다.

미식축구 선수인 열두 살짜리 남자아이에게 만약 코치가 여자애처럼 공을 던진다고 다른 선수들 앞에서 꾸짖는다면 어떤 기분이 들지 물어본 적이 있다. 나는 소년이 화가 나고 슬프다고 대답할 거라 기대했다. 하지만 놀랍게도 소년은 "아마 죽고 싶을 거예요"라는 과격한 답변을 내놓는 게 아닌가. 우리는 여기서 운동 코치 같은 역할을 맡은 남성들은 소년들에게 동기부여를 하는 방식에 대해 깊이 생각해보아야 한다는 것을 알 수 있다. 운동 코치가 '여자애처럼 공을 던진다'는 말로 소년들을 꾸짖는다면 그다음 질문은 이런 것이어야 한다. '성인 남성들은 소년들에게 여자에 대해 어떤 선입견을 안겨주고 있는가?'

남자라면 이래야 한다는 조건들은 '남성성 악순환의 굴레'라고 부르는 과정을 창조하는 데 일조한다. 우리가 강요하는 경직된 남성성의 조건들은 젊은이들과 청소년에게 부정적인 역할을 한다. 사회적으로 학습된 남성성은 대개 남자다운 사람은 이래야 한다는 엄격한 기준을 강요한다. 터프하고 거칠고 근육질이고 과격하고 두려움 따위 느끼지 않으며 상처를 무서워하지 않고 언제나 상황을 리드하는 것만이 남자라고 말이다.

터프하고 거친 남자가 바람직하지 못하다는 것은 아니다. 나만 해도 과격한 미식축구를 비롯해 거친 남자들이 나오는 스포츠를 좋아하니 말이다. 하지만 중요한 질문은 바로 이것이다. 만약 남자인 내가 터프하지 않았다면 어땠을까? 내가 굉장히 상냥하고 애정이 많은 타입이었다면? 아니면 터프하고 강하면서도 동시에 상냥하고 친절하며 부드러운 남자가 되고 싶다면 어떨까? 내가 고통과 상처, 두려움에 대해 터놓고 말하고 싶다면? 우리 사회의 젊은이들과 청소년이 엄격한 남성성의 정의에 부합하기 위해 자신을 죽여가면서까지 부단히 노력하는 데는 다 이유가 있다. 지금 이 상황이 우리의 어린 소년들에게 바람직한 환경일까? 이런 가르침을 행해보니 과연 결과가 좋던가? 우리 사회에 만연한 문제들에 기여하고 있지는 않은가? 이런 질문들을 남성들에게 한 번쯤 물어 마땅하다고 생각한다.

맨박스는 남성들이 자신의 감정의 가드를 한껏 올리게끔 만든다. 가드를 내려놓고 감정에 충실하면 자신을 제대로 통제하지 못한다는 의미로 받아들여지기 때문이다. 감정에 충실하다는 건 위험을 무릅쓸 배짱이 없음을 의미한다. 남자는 자신의 감정을 드러내서는 안 된다. 감정을 통제하도록 강요받고, 도움을 요청하는 것이 나약함의 증거라고 배운 남성들은 자존감과 성취도가 낮아지면 힘들어한다. 이런 부정적인 경험들로 인해 많은 소년들이 과도한 트라우마를 겪거나 반항적인 행동을 보이기도 한다. 이 상황에서 가장 비극적인 점은 시간이 지나면서 애초에 그들을 이런 상황으로 몰아넣은 맨박스에 더욱 의존하게 된다는 것이다. 이런 소년들이 성인으로 자라나면서 강요된 남성성을 답습하고 의존하는 악순환의 고리가 형성된다. 이런 악순환의 굴레를 누군가의 도움 없이 벗어나기란 불가능에 가깝다.

우리의 아들들, 자라나는 소년들은 누군가의 도움이 필요하다. 문제는 남자는 남에게 도움을 요청하지 말아야 한다고 사회적으로 학습해왔다는 점이다. 남성들은 도움을 요청하는 것이 나약함의 증거라고 배웠다. 하지만 곱씹어보면 낯선 말이다. 왜 도움을 요청하는 것이 나약함의 증거인가? 이것은 남성이 감정적 통제력을 가져야 하고 언제나 감정적으로 중무장하고 있어야 한다는 믿음과 연관되어 있다. 도움을 요청한다는 건 이런 믿음에 어긋나는 것이다. 그래서 우리는 남자로 크면서 도움이 필요할 때에도 도와달라는 요청조차 하지 못한다. 남을 도와주는 것 역시 예외 없이 맨박스 위반사항이라고 배운다.

나는 운동 코치나 학부모, 멘토와 같은 남성들이 우리 아이들이 겪는 남성성 악순환의 굴레를 예방하고 저지할 수 있다고 생각한다. 성인 남성들은 젊은이들과 청소년이 그들의 남성성을 형성해나가는 여정을 도와야 할 의무가 있다고 생각한다.

남성들이 나서서 돕는다면 소년들은 일방적으로 도움을 받는 것만이 아니라 우리의 가르침에 효과적으로 반응할 것이라고 확신한다.

내가 참여하거나 주관한 행사에서는 스포츠계 인사들이 연설자로 나서서 자신들이 청소년에게 미치는 영향과 그 중요성을 논의하곤 한다. 많은 남성 연설자들이 운동 코치들이나 다른 남성들과 어울리며 겪은 경험담을 공유하면서 그들의 삶이 어떻게 바뀌었는지 이야기했다. 이들의 경험담은 다른 남성들에게 깊은 감동을 주었다. 한 행사에서 발언한 유명 대학 체육 교사의 말이 두고두고 기억난다. "학창 시절에 만난 학교 선생님들을 굉장히 존경하지만, 그분들의 성함을 기억하지는 못합니다. 하지만 제 소속팀을 이끌었던 코치님들의 성함은 모두 기억하지요." 그는 이 발언을 통해 운동 코치들이 어린 소년들에게 평생 영향을 미친다는 점을 강조했다. 내 아들 또한 고등학교 미식축구 선수인데, 가족들 사이에서 아들의 코치 이름은 상당히 자주 언급된다. 아내와 나는 운이 좋은 편이다. 아들의 코치는 청소년에게 건강한 남성상을 가르치려 노력하고 스포츠를 통해 인성 발달을 꾀하는 훌륭한 교사다. 난 내 아들(을 포함한 수많은 소년들)이 이 코치와 평생 가는 사제 관계를 유지할 것이라고 믿어 의심치 않는다.

남성으로서 우리는 젊은이들과 청소년이 겪는 남성성의 굴레를 단속하고 감시할 의무가 있다. 그들을 바람직한 방향으로 이끌어 주는 것이 우리의 의무이다. 우리는 우리의 아들들이 감정을 솔직하게 공유하고 두려움을 표현하며 편하게 도움을 요청할 수 있는 환경을 마련해 줄 의무가 있다. 이런 환경을 만들기 위해서는 남성들이 먼저 나서서 남자다움의 정의를 재정립하고 감정의 가드를 내려놓은 채 솔직하게 애정과 연민을 표현해야 한다.

연습 게임을 마친 뒤 한쪽 무릎을 꿇은 마흔 명쯤 되는 소년들의 시선을 한몸에 받고 있는 코치의 모습을 상상해보라. 코치는 소년들 하나하나의 전적인 주목을 받고 있다. 그 순간만큼은 그들의 부모 혹은 세상 누구보다도 중요한 사람으로 느껴질 것이다. 바로 그런 순간이 코치로서 아이들에게 스포츠가 아닌 다른 중요한 메시지를 전달하기에 완벽한 타이밍이라고 생각한다. 그 순간 코치가 아이들과 함께 정직하고 올바른 성품을 가진 남자란 어떤 사람인지 진솔한 이야기를 나눈다면 얼마나 좋을까?

지도자와 스포츠계 인사들의 참여가 중요한 이유는 스포츠 문화가 갖는 특수한 영향력 때문이다. 고등학교, 대학교 그리고 프로 스포츠 단체들과 협업해 온 결과 건강하고 바람직한 남성상을 재고하는 데 스포츠가 큰 몫을 한다는 건 논란의 여지가 없는 듯하다.

스포츠의 정신이 무엇인지 정의를 내리고자 하면 여러 가지 모순되는 메시지와 가르침에 직면하게 된다. 예를 들어 스포츠는 호전성, 지배력, 힘이라든지 고통을 두려워하지 않는 과감함 등을 가르친다. 스포츠는 어떤 대가를 치르더라도 승리를 거둬야 한다는 정신을 가르친다. 하지만 동시에 협동심, 헌신, 충성, 진실성 등의 덕목을 가르친다. 우리의 과제는 협동심과 헌신을 포함한 스포츠 문화의 미덕은 유지하되 여성이 열등하다는 인식과 이성애 우월주의를 조장하는 스포츠 문화의 일면을 어떻게 제거하느냐이다.

시작은 남성성을 가르치는 방식을 분석하는 것이다. 우리는 지금껏 소년들에게 남자다움의 기준은 결국 여자다운 성향이나 모습으로부터 최대한 자신을 멀리 두는 것이라고 가르쳐왔기 때문이다.

(스포츠 분야는 아니지만) 한번은 내가 운영하는 단체인 ACTM이 대학 캠퍼스에서 발생한 끔찍한 강간 사건의 대응팀 회의에 초청받은 일이 있다. 여학생이 교내에서 남학생에게 강간당한 사건이었다. 우리가 학교에 도착했을 무렵 대규모 대책회의가 한창 진행 중이었다. 캠퍼스에서 발생한 끔찍한 사건이었을 뿐만 아니라 피해 여성은 학생들 사이에서 인기가 있는 학생이기도 했다. 그녀는 뛰어난 운동선수였고 학생회 임원이면서 주변인들에게 명망이 높은 학생이었다. 이 사건은 사건 자체의 끔찍함에 피해자의 캠퍼스 내 인지도가 더해져 발화성 높은 이슈가 되었다. 교내의 가장 큰 행사장에서 대책회의를 열었지만 참석자들이 서 있어야 할 정도였다.

주요 의제는 학교 측의 즉각적이고 장기적인 캠퍼스 내 여성 안전 조치였다. 토론을 거치면서 비상연락망 제작, 여학생들 간의 2인 1조 시스템, 여학생들을 위한 교내 셔틀 차량의 증편 등이 논의되었다.

이런 접근 방식은 여성들이 공격당할 확률을 낮추고, 그들이 조금 더 안전하게 느끼도록 도울 것이다. 하지만 우리가 간과한 부분이 있다. 이 방법은 남성이 저지른 폭력에 대처할 책임을 여성에게 전가한다는 점이다. 대처할 책임을 여성들이 져야 할 뿐만 아니라 안전을 도모한다는 미명 하에 여성들의 행동을 제약하고 더욱 불편하게 만드는 대응책이었다. 남성들의 삶에는 아무런 지장을 주지 않은 채 말이다. 이것이 바로 우리 사회에서 흔히 볼 수 있는 여성 폭력 문제의 대처 패턴이다. ACTM이 초대받은 이유는 남성들이 해결책 마련에 동참하도록 만들기 위해서였다. 우리는 해결 방법을 고민했고, 다음과 같은 질문을 던졌다.

"성폭행의 가해자가 여성입니까, 남성입니까?" 정답은 당연히 남성이었다. "만약에 여학생들을 구내식당에서 기숙사로, 기숙사에서 도서관으로 실어 나르는 대신 남학생들을 차량으로 이동시키면 어떨까요? 남성이 범죄의 장본인인데 왜 남성이 저지른 폭력 때문에 여성들이 피해를 봐야 하죠?" 회의에 참석한 여학생들은 우레와 같은 박수갈채로 동의를 표했다.

우리의 가히 '혁명적인' 대응책은 일부 남성 교직원들의 거센 항의를 받았다. 심지어 한 남성은 우리가 남학생들을 차량으로 이동시키면 '젠더 프로파일링'을 저지르는 것이라고 말했다. 우리는 그에게 그렇다면 캠퍼스 내에서 자행되는 성폭력도 엄연히 젠더 프로파일링임을 상기시켰다. 캠퍼스의 모든 여성들에게 셔틀 차량을 이용할 것을 촉구하는 것 또한 젠더 프로

파일링일 터였다.

우리의 의도는 이번 강간 사건을 비롯한 각종 교내 성폭력 문제를 남성들의 문제로 인식시키는 것이었다. 결국 초점은 여성들이 아니라 남성들에게 맞춰졌다. 셔틀 차량으로 이동하게 된 남학생들은 더는 피해 여학생이 무슨 옷을 입고 있었는지, 왜 그녀가 그 시간에 거기 있었는지, 그녀가 강간당했을 때 어떻게 행동했는지 꼬치꼬치 묻지 않았다. 대신 남학생들은 물었다. "어떤 놈이 저지른 짓이야?" 그리고 말했다. "나머지 학기 내내 셔틀에 실려 다니기 싫으니 얼른 뭔가 대책을 세워야겠어."

가정 폭력 혹은 성범죄를 접할 때 우리는 남성에게 유리한 해석을 내리곤 한다. 기본적으로 남성의 편에 서고 보는 것이다. 하지만 이제 솔직해지자. 성차별적이고 가부장적인 우리 사회가 남성이 여성에게 가한 행위에 대해서 되려 여성에게 책임을 묻거나 불편함을 감수하도록 강요한 것은 아니었을까?

학교는 교내 성폭력 대응 방침을 개선하는 한 달 동안 여학생이 아닌 남학생들을 차량으로 이동시키기로 결정했다. 그 결정의 배경에는 그것이 옳은 일이라서가 아니라 교통편 운영 비용이 걸려 있었다. 결국 손익의 문제였던 것이다. 캠퍼스 전체

학생 수의 40% 정도인 남학생을 대상으로 하면 훨씬 적은 자원이 소요될 터였다. 돈도 인력도 차량도 적게 투입할 수 있었다. 우리는 그 결정의 배경보다는 교내 강간 사건을 남성의 문제라고 인식하도록 관점을 바꿨다는 것에 의미를 두기로 했다.

챕터 2에서 언급했듯이 여성들의 관점과 그들의 삶 속 체험에 대한 전반적인 관심 결핍은 매우 어린 나이부터 시작된다. 우리(남성 위주 사회)는 태어나서부터 다섯 살쯤까지 남자아이들이 여자아이들과 같은 경험을 공유하도록 허락한다. 하지만 다섯 살에서 열 살 사이의 남자아이들에게는 '남자답기 위해' 여자아이들과 거리를 두어야 한다는 인식을 가르친다. 이 무렵부터 남자아이들이 여자아이들을 싫어하는 티(또는 관심 결핍)를 내는 원인이 바로 여기에 있다. 여자아이들을 괴롭히는 것 외에는 좀처럼 함께 어울리고 싶지 않아 하는데, 이는 혐오감을 표출하는 방식이다.

그러던 남자아이들이 열여섯 살쯤 되면 상황이 급변한다. 여자아이들에게 육체적으로 이끌리는 것이다. 하지만 우리는 이 아이들이 다섯 살쯤부터 여자아이들에게는 관심을 두지 말라고 배워왔다는 걸 기억해야 한다. 우리(남성 위주로 돌아가는 우리 사회 말이다)는 이 시점이 되면 남자아이들에게 예외를 허락한다. 성적인 관심은 괜찮다는 허락이다. 보통의 열여덟 살짜리 이성애자 남자아이는 성관계를 제외하면 보통의 열여덟 살 여자아이에게 큰 관심이 없다.

세상에 절대적인 것은 없지만 우리가 얘기하는 건 복잡한 정밀 과학이 아니라 단순한 현실이다. 그 현실은 바로 열여덟 살 남자아이가 열여덟 살 여자아이에게 갖는 관심에는 성적인 관심 외에는 별것이 없다는 사실이다. 열여덟 살 남자아이의 성품이나 인격을 두고 왈가왈부하려는 게 아니다. 사실만 놓고 보자면 그 남자아이는 태어나서부터 열여덟 살이 될 때까지 남성성의 사회화에 강제로 노출되어 왔고, 그 결과 성관계를 빼고 나면 여성들에 갖는 관심이 곤두박질치는 것이다. 열여덟 살 여자아이는 성에 관심이 없다는 뜻이 아니다. 다만 여자아이들은 남자아이들과 다르게 성관계를 일차적인 관심사로 생각하도록 배운 적이 없다.

여성들에 대한 관심 결핍 문제는 스포츠 문화의 다양한 측면을 연구할 때도 중요하게 작용한다. 우리는 불행히도 여성들과 LGBT를 배격하고 열등하게 여기는 이성애 우월주의적 전통을 갖고 있다. 스포츠 문화 속의 남성성 규범은 소년들이 꿈꾸는 자신의 모습이 무엇인지 상관하지 않은 채 극도로 과장된 남자다움의 상징을 배우라며 윽박질러왔다. 우리 사회의 많은 소년들이 자신과 맞지도 않는 남성성을 강제로 익혀야 하는 압박감을 느끼고 있다.

여성들에 대한 관심 결핍을 강요하는 사회 풍토는 남자아이들이 성인으로 자라나는 과정에 필요한 총체적 발달 경험을 제한한다. 성인 여성과 여자아이들을 성적인 대상으로만 보라고 가르치는 것은 결국 남성들에 의한 여성 폭력 문제가 발생하는 원인이 된다. 오늘날 남성들에 의해 자행되는 여성 폭력 문제는 전염병만큼이나 흔하다. 여성 폭력은 현재 미국 내 여성들의 가장 흔한 신체적 상해 원인으로 꼽힌다.

스포츠는 남성성의 사회적 학습에 가장 큰 영향을 미치는 요인이자 소년이 성인 남성으로 자라나는 과정에 매우 중요한 역할을 한다. 운동을 전문적으로 하는 운동선수인지 아닌지는 큰 상관이 없다. 아동 체육 교실부터 프로 경기 관람까지 어떤 방식으로든 상당히 많은 시간을 스포츠에 할애하기 때문이다. 스포츠 지도자들과 스포츠계의 영향력 있는 인사들이 나선다면 더욱 효과적으로 성평등을 장려할 수 있고 성역할 해방 운동에도 박차를 가할 수 있을 것이다.

공감대 형성하기

나는 지난 12년간 NFL(National Football League, 전미 미식축구리그)의 전속 라이프 스킬 트레이너로 일해왔다. 이 일을 시작했을 무렵이 생생하게 기억난다. 나의 첫 임무는 프로 미식축구 선수 쉰세 명을 모아놓은 방에서 세션을 진행하는 것이었다. 대체 어떤 말을 해야 그들의 관심을 사로잡을 수 있을지 고민했다. 나에게 주어진 강의 시간은 한 시간이었다. 선수들은 이미 이런저런 필수 훈련에 끌려다니며 누군가에게 설교를 듣느라 지쳐있었다. 게다가 내가 진행할 교육 세션은 연습 경기 직후에 있었다. 말하자면 나는 그들이 온종일 더위 혹은 추위와 싸우며 연습을 마치고 나서 집에 가기 전에 걸려 있는 반갑지 않은 장애물이었다.

그중 몇몇 선수들은 올 시즌 상승세를 타고 있었고 몇몇 선수들은 하락세에 놓여 있었다. 시즌이 잘 풀리는 선수들은 그 기분을 만끽하며 자축하고 싶을 뿐 앉아서 내 강의를 듣고 싶지 않은 눈치였다. 시즌이 잘 풀리지 않는 선수들은 만회할 방법을 고민하는 게 급하기에 앉아서 내 강의를 듣고 싶지 않은 눈치였다. 교육에 의무적으로 참여해야 한다는 사실부터가 그들에게는 달갑지 않았을 것이다. 코치가 방에 들어와 선수들에게 나를 소개하면서 집중하는 편이 좋을 거라고 으름장을 놓았다. 코치의 당부를 듣자 자신감이 더욱더 떨어지는 느낌이었다. 게다가 이들은 압도적인 체구와 모든 면에서 위압감이 들 만한 프로 선수들이었기에 난 점차 초조해졌다. 몇 가지 질문으로 강연을 시작했다.

"여러분의 딸들이 어떤 세상에서 살았으면 합니까? 상상 속 세상에서 남자들은 어떻게 행동하던가요? 여러분의 아들들이 어떤 남자로 자랐으면 합니까? 어떻게 하면 그런 남자가 될 수 있을까요?"

NFL 선수들의 평균 나이는 약 스물다섯 살이고, 방 안에 모인 이들 중 몇몇은 이미 자녀가 있었다. 조금 나이가 있는 선수라 해도 자녀들의 나이는 평균 열두 살도 안 될 터였다. NFL 선수 생활은 길지 않다. 선수로서 주목을 받는 데 3년 정도가 걸리고 5년 정도 활약하면 베테랑 취급을 받는다. 8년 차를 넘어서면 대개 선수 생활이 끝난 것으로 친다. 평균 쉰세 명인 현역 선수 명단에서 두 자릿수 선수 기간을 유지하는 이들은 고작 다섯 명 남짓일 것이다. 참석자 대부분은 어린 자녀를 둔 젊은 아버지들이었다. 하지만 나는 지금껏 다양한 선수들을 상대로 교육을 진행해왔다. 난 매번 같은 질문을 화두로 던지면서 선수들의 시선을 끌었다. 이번에도 선수들은 내 말에 주목하고 관심을 기울여주었다. 덕분에 난 선수들의 마음속 깊은 곳까지 들어갈 수 있었다. 선수들은 자신의 딸들이 살아갈 세상을 중요하게 여기고 있었다.

공감대 형성은 특히 스포츠 문화를 지배하는 남성들과 이야기를 나눌 때 결정적인 역할을 한다. 오랜 기간 여러 스포츠 단체들과 일하면서 나는 스포츠 문화가 건강한 남성상을 홍보하는 데 지대한 영향을 미친다고 믿게 되었다. 스포츠야말로 우리 사회 남성들에게 미치는 영향이 크기 때문이다.

우리는 '진정한 남자다움은 최대한 여자들에게 관심을 두지 않고 여성들의 경험과 거리를 두는 것'이라는 믿음을 돌아보아야 한다. 자신의 딸이 살아갈 세상을 상상해보고, 그 세상 속에서 다른 남성들이 자신의 딸을 어떻게 대할지를 그려보고 나면 대화에 임하는 남성들의 태도가 달라진다. 그리고 이내 자기 내부에서 모순을 발견하게 된다. 그들은 자신이 어떤 사람인지 잘 알고 있다. 자신의 주변 남성들이 어떤 사람들인지도 잘 알고 있다. 그들은 잠자는 시간만 빼고 딸들을 쫓아다니며 다른 남성으로부터 방패막이 되어줄 수 없다는 것도 안다. 딸이 겪게 될 세상을 상상하며 자신의 평소 행실을 더욱 통렬하게 반성하게 되고 마침내 전구의 스위치가 반짝 켜진 듯 모든 것을 이해하게 된다.

이 문제가 계속되어 온 이유는 우리 같은 남성들이 행동하지 않았기 때문이다. 우리 딸들이 성인이 되기 전까지 세상이 바뀌지 않을 수도 있다. 아무것도 하지 않는다면 변하는 것도 없다.

행동을 시작한 남자들

남성들의 참여를 유도하는 역할을 하는 우리 같은 사람들은 종종 교육과 토론이 모든 남성들의 변화로 직결되지 않는다는 걸 깨닫는다. 물론 남성들의 변화를 감지할 때도 있다. 일부 남성들은 자기 아들들 또는 다른 남자아이들과 교류하는 방법을 다시 고민한다. 어떤 남성들은 그들의 아내 또는 다른 여성들과의 관계에서 평등을 추구할 방법을 고민한다. 다른 남성들의 경험담을 읽으며 "도움 되는 정보이긴 하지만 내가 감수해야 할 불편함을 생각하면 당장 행동에 옮기기는 무리"라고 말하기도 한다.

하지만 일단 현실이 어떤지 알고 나면 어딘지 모르게 생각이 바뀌었음을 깨닫게 된다. 남성 모임에서도 이것이 사실이라는 데에 이의를 제기하는 사람은 거의 없었다.

한번 현실을 알게 된 남성들은 차츰 변화하는 모습을 보인다. 사람에 따라 시간이 조금 더 걸리기도 한다. 변화하는 모습을 보이는 남성도 있는 반면에, 의도적으로 변화를 거부하고 원래 방식을 고집하는 남성들도 있다. 하지만 모두 시간이 걸리는 과정이자 여정이라는 점을 기억하자. 나라고 해서 하룻밤 사이에 모든 깨달음을 얻은 게 아니니 말이다.

내가 지금껏 관찰한 결과 남성들은 우리의 메시지에 귀를 기울이고 있었다. 아직 변화해야 할 부분은 많이 남았지만 내게는 굉장히 긍정적이고 희망적인 징조로 느껴진다.

얼마 전 아들과 함께 헬스장에 들렀을 때의 일이다. 나는 러닝머신 위를 달리고 있었다. 아들은 반대편에서 웨이트 운동 중이었는데 누군가 아들에게 말을 거는 것이 눈에 들어왔다. 아들은 그 남성과 부위별 바른 자세에 관해 이야기를 나누는 듯했다. 계속 흘끔거리는 중에 그가 다른 쪽으로 옮겨갔다. 그러자 아들이 내게 다가와서 말했다. "아빠를 어디서 본 적이 있나고 하너라고요. 강연 일을 하지 않으시냐고 하기에 그렇다고 했더니 아빠가 1년 전쯤 저분이 다니던 대학에서 '맨박스 깨고 나오기' 연설을 했던 걸 기억하던데요?"

최근에는 이런 일도 있었다. 나는 중서부 어느 도시를 여행 중이었다. 가정 폭력 문제와 성폭력 문제에 남성들의 참여를 유도하는 조직과 협업 프로젝트를 진행하기 위해서였다. 호텔에서 걸어 나오다 나는 한 무리의 남성들과 마주쳤다. 이때 그들 중 한 명이 외쳤다. "어디서 뵌 적 있죠?" 그들은 서로 마주보고 고개를 끄덕였다. 무슨 뜻이냐고 묻자 자신들의 미식축구 소속 팀 이름을 대면서 내가 "그때 그 맨박스 선생"이라고 말했다. 우리는 모두 웃음을 터뜨렸고 잠시 담소를 나누었다. 그들은 그날의 연설이 재미있었다고 말했고 그중 몇 명은 내 연설 덕분에 몇 가지 '별로 좋지 않은' 행동을 바로잡았다고 자랑했다.

또 한 번은 고등학교에서 스피치를 한 적이 있었는데 몇 달이 지난 후 교사 한 명의 전화를 받았다. 학교 남학생들이 커다란 맨박스를 실제 모형으로 만들었다는 내용이었다. 학생들은 그 박스를 학교 체육관에 세워놓고 서로가 전형적인 맨박스 행동을 할 때마다 주의를 준다고 했다.

이런 일화들은 지금까지 성인 남성들 및 청소년과 공감대를 나누고 소통해온 결과의 극히 일부분일 뿐이다. 몇몇이 아닌 모든 코치와 모든 멘토, 남성들이 나서서 이러한 노력에 동참한다고 상상해보자. 얼마나 많은 것들이 바뀔지 상상이 가는가?

나는 성인 남성들에게 어린 소년들과 이야기를 나눌 때 애정을 보여야 한다고 조언한다. 이런 메시지를 처음 접하는 이들에게는 거부 반응이 있을 수 있으므로 최대한 애정을 담아서 전달해야만 받아들이는 이들의 마음을 열 수 있다. 다시 강조하지만 우리는 조건 없는 애정을 담아 가르침을 전해주어야 한다. 남성들이 당장 삶의 방식을 바꿀 의지가 있는지와 상관없이 말이다. 남성들이 일단 열린 자세로 현실을 받아들이고 나면, 이후 주변에서 벌어지는 일을 모르는 척할 수 없게 된다. 한번 알게 된 사실을 머릿속에서 지워버릴 수는 없다. 의식 없이 행동하던 자동주행 모드에서 벗어나는 것이다. 그들은 이제 의식적인 결정을 내리게 된다. 어느 쪽으로든 결정을 내리는 과정에는 의식이 개입하게 된다. 교육자들은 어린 소년들과 공감대를 형성하고 소통을 시작하는 데 중요한 역할을 맡고 있다.

그들은 소년들을 효과적으로 도울 수 있는 위치에 있다. 우리 아이들이 자동주행 모드에서 벗어나고 더욱 분석적인 사고를 하며 더 이상은 전통적인 방식에 의존하지 않도록 돕는 것이다. 건강하고 바람직한 남성상을 주도하는 다음 세대로 자라날 수 있도록 말이다.

CHAPTER 7

불편한
진실

아내를 때린 남편은
가정법원으로 보내진다.
만약 아내가 아닌
다른 여성을 때렸다면
형사법원으로
보내질 텐데 말이다.

MAN BOX

한 가지는 확실히 하고 넘어가자. 남성에 의한 폭력은 여성들에게 가장 흔한 신체적 상해 원인으로 꼽힌다. 암과 심장 질환만큼이나 주된 원인이다. 문제는 대부분의 남성이 이런 사실을 모른다는 점이다. 남성들은 여성들이 남성들과 같은 공동체에서 생활하기 위해 동원하는 갖가지 고육지책에 대해 전혀 모른 채로 살아간다. 여성들은 주차할 때 밴이나 봉고차 옆에는 차를 대지 말라고 배운다. 차를 타고 내릴 때 밴이 시야를 가리는 사이 쥐도 새도 모르게 끌려갈 수 있기 때문이다. 여성들은 쇼핑이나 식사를 하러 가면 해가 진 후에 주차장으로 돌아올 때를 대비해 가급적 밝은 쪽에 주차하는 것이 좋다고 배운다. 또 여성들은 밤늦은 시간에는 혼자 다니지 말고 둘 이상 몰려다녀야 한다고 배운다. 엘리베이터를 타거나 비상구 계단을 이용할 때에도 여성들은 수상한 사람이 없는지 주의를 기울여야 한다고 배운다. 외진 곳에 있는 모텔에 여자 혼자 투숙하면 위험하다고 배운다. 이뿐만 아니다. 여성들이 배우는 무수히 많은 예방책 중에는 너무 이른 새벽이나 밤늦게 조깅을 하러 나가는 것은 위험하고, 몸매가 과하게 드러나는 원피스는 되도록 입지 말아야 하고, 혹시 누가 약이라도 탈 수 있으니 술을 마실 때는 조심해야 한다는 내용도 포함되어 있다.

어머니께서는 늘 누이들에게 빌라 입구에 들어서기 전에 미리 열쇠를 꺼내 손에 쥐라고 당부하셨다. 문을 열 때는 가급적 빨리 열고 혹시라도 상황이 닥치면 열쇠를 공격 도구로 삼으라는 조언이었다. 어머니가 버릇처럼 하던 말이 있다. "열쇠도 못 챙기면서 네 안전을 챙길 수나 있겠니?" 분명 누이들이 안전하기를 바라는 마음에서 나온 조언이겠지만 이 말 속에는 '네 몸은 네가 챙겨야 한다'는 인식이 담겨 있다. 우리 사회가 여성의 안전을 여성의 책임으로 보는 시각 말이다. 폭력을 저지르는 당사자(남성)가 아니라 스스로 안전을 챙기지 못한 희생자(여성)에게 먼저 책임을 묻는 것이다.

그리고 여성들이 지켜야 할 갖가지 수칙만큼이나 많은 질문들이 여성들을 따라다닌다. 여성들에게 어떤 일이 발생하면 이에 대해 설명을 요구하는 "왜 그랬는데?"류의 질문들이다. 여성이 남성에게 성추행을 당했다면 사람들은 궁금해한다. 왜 그렇게 늦은 시간까지 밖에 있었습니까? 왜 그렇게 야한 옷을 입고 외출한 겁니까? 왜 그렇게 술을 많이 마셨습니까? 왜 다른 친구들과 함께 다니지 않고 혼자 길거리에 나왔습니까? 가정 폭력 케이스에 등장하는 매우 고질적이고 고약한 질문인 "남편이 그렇게 폭력을 쓰면 헤어져야지 왜 안 헤어집니까?"도 마찬가지다. 한술 더 떠 "맞으면서도 헤어지지 않는 거 보니 좋은가 보지"라고 내뱉기도 한다.

이런 질문들은 '피해자 책임 전가'라고 부르는 현상의 일부다. 우리 사회는 이런 방식으로 남성들의 행동에 대한 책임을 여성이 지도록 강요한다. 가정 폭력으로 고통 받는 여성에게 습관처럼 "왜 그런 남편하고 안 헤어집니까?"라고 물으면서도 폭력을 행사하는 남성에게 "왜 폭력을 멈추지 않습니까?"라고 비난하지 않는다.

이런 현실은 여성 폭력 문제 해결에 남성의 참여를 유도하는 게 그만큼 어렵다는 점을 보여준다. 남성들이 가진 남성 위주의 사고방식을 180도 바꿔야 하기 때문이다. 맨박스를 분해하고 재해석하자는 시도는 그야말로 남자들을 한계치까지 몰아붙이는 수준의 난제다. 워낙 익숙하게 여기던 남성 위주의 가치관과 행동 방식을 재검토하도록 종용해야 하기 때문에 남성들을 바짝 긴장하게 만들지도 모른다. 하지만 남성들을 불안하게 만드는 이런 접근 방식은 누군가가 어느 날 갑자기 임의로 만든 게 아니다. 다 이유가 있어 고안된 방식이다.

남성들이 자신의 행동과 사고방식을 사회적 맥락에서 생각하기란 쉽지 않다. "물론 나는 선한 의도를 가진 사람 중 하나이지만 동시에 우리 사회 남성들이 집단적으로 여성들을 부적절하게 대하고 있다는 점도 인정한다"고 고백하는 남성은 찾기 힘들다. 아니, 대부분의 남성들은 이렇게 생각할 것이다. "나는 착한 남자고 몇몇 나쁜 남자들이 여자를 때리기도 하는데 전 그런 건 용납하지 않아요."

하지만 자신과 몇몇 나쁜 남성을 구분 지어 생각하다 보면 중요한 사실을 놓치게 된다. 우리 사회 남성 대부분이 상대적으로 지배적 위치에 속하며 알게 모르게 남성 중심적 사고와 사회적 분위기를 지속시키는 데 기여한다는 사실 말이다. 마치 백인이 "난 인종차별주의자가 아니에요. 다른 백인들 중에는 흑인을 차별하는 사람들도 있지만 전 아니에요"라고 말하는 것과 마찬가지다. 이런 사고방식에 안주하기 때문에 정작 사회 구조적 차별에 대한 비판적인 대화를 나눌 기회조차 마련하지 못하는 경우가 많다. 현실에서 벌어지고 있는 문제와 자신은 별개라는 생각으로 자아 성찰을 거부할 때, 주변 백인들이 유색인종을 대하는 방식에 직접적으로 의사표시를 하지 않을 때. 지배적 위치를 선점한 백인들은 사회 구조적 인종차별의 본질을 파악할 수 있는 기회조차 외면하게 된다. 어떤 기득권층이나 지배적 집단을 보아도 현실의 문제를 남의 문제로만 치부하며 대응을 회피하는 사고방식을 관찰할 수 있다.

남성들이 여성 폭력을 저지르는 다른 남성들에게 분노하지 않는 이유에 관해 이야기해보자. 제일 먼저 인정해야 할 사실은 남성들이 애초에 이런 문제를 두고 다른 남성들과 이야기를 시작할 방법조차 배운 적이 없단 점일 것이다. 여성 폭력 문제만이 아니라 웬만한 주제들을 놓고 서로 어떤 식으로 대화의 물꼬를 터야 할지 감을 잡지 못하는 게 대부분이다. 대부분의 남성들은 이 책에서 전하는 메시지를 다른 남성들과 공유할 방법을 잘 모르겠다고 고백한다. 자신의 행동과 습관들이 은연중에 어떻게 여성 폭력을 조장하는지 효과적으로 전달할 방법이

쉽게 머리에 떠오르지 않을 것이다. 내 세션에 참석하는 남성들 대부분은 여성 문제를 놓고 다른 남성들과 토론하는 경험이 처음이었다. 사석에서든 상의실에서든 남성끼리 모여서 이런 문제들로 대화를 나누는 경우는 찾아보기 힘들다. 남성들에게 이런 메시지를 전달할 때 각별한 애정을 담아 상냥하게 전달하려는 이유도 여기에 있다. 처음 겪는 상황에 긴장한 남성들이 자칫하면 방어적인 반응을 보이기 때문이다.

수천 명의 남성들과 대화를 시도하면서 성공한 적도 실패한 적도 있었다. 만약 남성들 중 하나가 내가 보는 앞에서 여성을 "XX년"으로 지칭하면 나는 대개 이런 식으로 대응하곤 한다. "어떤 말씀을 하고 싶으신지 알겠습니다만 제가 한 가지 공유하고 싶은 이야기가 있습니다. 선생님께서도 좋아하실 것 같아요. 우선 선생님께서 사용하신 단어를 잠시 생각해볼까요? 만약 선생님께서 아는 다른 여성분들이 그 단어를 듣는다면 어떤 기분이 들까요? 그런 일이 있으면 안 되겠지만 만약 따님이 같은 반 남자아이에게 그 단어를 들었다면 어떨까요? 어떤 생각이 드는지 한번 생각해보셨으면 합니다."

방금 그 말은 잘못된 말이니 다시는 그런 말을 쓰지 말라고 화내거나 윽박지르는 것은 잘못된 접근이다. 어떤 남성이든 그런 소리를 들으면 바로 방어적이 되어 귀를 닫게 마련이다. 내 전략은 남성들에게 생각할 기회를 주는 것이다. 간단한 요청이다. 뭔가를 하라고 시키는 것도 아니다. 그저 "들려드리고 싶은 이야기가 있습니다" 하고 말문을 여는 것이다. 상대를 가르치기보다 그가 방어적이 되지 않도록 주의를 기울이며 대화를 시작한다. 내가 정말로 말하고 싶은 내용이 나올 때까지 상대방이 마음의 문을 열고 받아들이도록 만드는 것이다.

이렇게 대화를 시작하면 돌아오는 반응들은 대개 "무슨 말씀이신지 알겠어요. 잘 알아들었습니다" 정도다. 어떤 경우엔 내 체면을 봐서 그렇게 대답하는 것뿐이지 실제 내용을 이해하려 들지도 않는 이들도 있다.

어떤 이들은 "무슨 말씀이신지 알겠는데요. 그래도 말이죠"라고 대답한다. 이 대답의 속뜻은 이렇다. '당신이 무슨 말을 하는지 알겠다. 당신이 해주는 이야기는 옳은 소리다. 하지만 내 생각은 아직 당신의 생각과는 다르다. 당신의 말에 동의하는 것은 아니다.'

어떤 남성들은 의외로 새로운 사고방식에 쉽게 동의하면서 이렇게 말하기도 한다. "그렇게 생각해 본 적은 없었어요. 말씀

해주신 내용이 매우 큰 도움이 되는군요. 앞으로는 행동을 바꿔야겠어요. 전 제가 잘못하는지 꿈에도 몰랐네요."

이렇듯 갖가지 반응을 기대할 수 있지만 내가 상대방 남성에게 접근하는 방식대로 그들 역시 나를 대한다는 사실은 변하지 않았다. 매번은 아닐지라도 대개 그렇다. 내가 애정을 갖고 상냥하게 접근하면 대부분의 경우 남성들은 나와 의견을 달리할지언정 대답만큼은 상냥하게 하는 걸 볼 수 있다. 물론 세션을 마치고 친구에게 가서 "야, 내가 오늘 학교에서 캐시를 XX년이라고 불렀는데 이상한 놈이 나한테 와서 그걸 가지고 뭐라 그러더라? 아주 기가 막혀서!"라고 분풀이할 가능성도 있다. 하지만 그럼에도 그들이 나와 얼굴을 맞대고 대화를 나눌 때만큼은 상냥하고 애정 어린 말이 오간다. 바람이 하나 있다면 그들이 친구나 지인에게 나와 한 대화를 놓고 불만을 털어놓았을 때 그들의 친구와 지인들이 내 말이 맞다고 편을 들어주면 좋겠다는 생각이 든다.

맨박스에 대해 거센 반발과 반박이 몰려오는 예외적인 장소가 있는데 바로 온라인에서다. 내가 TED에서 한 연설 "A Call To Men(한국어 번역 제목: 남자들에게 고함)"이 온라인에 널리 퍼져 있는데 그 내용에 분노하는 남성들의 블로그 열 몇 개쯤 찾아내기는 식은 죽 먹기다. 그들은 여성들에게 동일한 권리를 주자는 운동이 일어나는 오늘날 남성의 입지에 분노한다. 내게 직접 이런 얘기를 하는 사람은 전혀 없는데 유독 온라인에서는 "난 이 자식이 하는 말은 하나도 공감이 안 가!" "이건 다 개소리야. 남자가 아니라 여자들이 문제라고!" 같은 코멘트가 넘쳐난다. 이들은 말싸움을 시작한다. 사람들은 키보드 위에서만큼은 자신들이 '진짜로' 믿는 바와 감정을 여과 없이 드러내곤 하니 말이다.

하지만 막상 온라인에서 벌어지는 말싸움을 살펴보면 TED 연설 내용을 전달한 방법에 대한 지적은 전무하다. 예를 들어 "당신은 굉장히 무례하고 남성을 무시하는 식으로 말하는 군요" 라고 내게 불만을 표시하는 사람은 없다. 반면 그들이 입씨름하는 주제들은 내가 전달하고자 한 메시지를 그들 나름의 방식으로 이해하고 정의내리는 과정에서 나온다. 이 사실을 인지하는 것은 내게 매우 중요하다. 연설을 통해 효과적으로 메시지를 전달하려면 남성들의 관심과 공감대를 끌어낼 묘수를 찾아야 하기 때문이다. 결코 쉬운 일은 아니다. 온라인 채팅방에서 볼 수 있는 남성들의 다양한 반응들은 내가 하는 일이 왜 중요한지 다시금 깨닫고 스스로 채찍질하는 계기가 된다. 남성들의 반응 중에는 여성뿐만 아니라 남성들도 받아들이기 쉽지 않을 말들도 더러 있음을 밝혀야 할지노 모른다.

온라인 속 남성들의 비상식적인 발언들은 여성을 겨냥한 경우가 많다. 앞서 보았듯 여성들을 열등하다고 여기는 사회적 경향 때문이다. 내가 말하는 내용은 워낙에 남성들이 소화하기 버거워하는 주제이므로 그나마 남성의 편으로 보이는 나 같은 남성이 말할 때 조금 더 쉽게 받아들여진다. 반면 여성이 가르치는 건 쉽게 받아들여지지 않는다. 남성들의 마음속에는 '어디서 여자가 자꾸 이런 시비를 걸어?'라는 생각이 자리 잡고 있기 때문이다. 내가 가르치는 내용을 여성 강연자가 토시 하나 바꾸지 않고 나보다 더 상냥하게 전달한다고 해도 결국 남성은 같은 남성이 가르치는 것을 더 '잘' 받아들이는 것이다. 이건 착하고 나쁘고의 문제가 아니다. 대부분 남성들은 이런 식으로 반응한다. 맨박스 일화들에서 보았듯 착한 남성들도 다른 남성들만큼이나 성차별에 익숙하기 때문이다. 나를 포함한 그 어떤 남성도 이런 비판에서 자유롭지 않다.

한 명의 착한 남성이 있다. 남자는 집 벽에 구멍이 생긴 것을 보고 보수를 해야겠다고 생각한다. 아내가 방으로 들어와서 구멍을 보고 말한다. "내가 전에 봐둔 새로 나온 연장이 하나 있는데 그걸 쓰면 구멍을 메우는 데 딱 좋을 것 같아요." 남자(다시 말하지만 이 남자는 착한 남자다)는 아내가 하는 말을 들으며 생각한다. '이걸 메우는 데 어떤 연장을 어떻게 쓸지는 나도 이미 알고 있어. 구멍 하나 메우는 건 내가 알아서 한다고!'

반대로 어떤 이웃집 남자가 들렀다 치자. 벽에 있는 구멍을 보고 그가 말한다. "어쩌다 벽에 이렇게 구멍이 뚫렸어요? 제가 전에 봐둔 새로 나온 연장이 하나 있는데요." 솔직하게 인정하자. 이 남성은 이웃집 남자가 말하는 연장이 무슨 종류인지, 어떻게 사용하면 될지를 집중해서 들을 것이다. 아내 즉 여성이 구멍을 메우는 방법에 대한 지식을 이웃집 남자의 열 배쯤 갖고 있다고 해도 소용없다. 남자라는 이유만으로 이웃집 남자의 말이 아내의 말보다 훨씬 가치 있게 여겨진다. 아내의 말에는 주목하지 않으면서 이웃집 남자의 말에는 집중한다. 일부 남성들에게는 실제보다 과장된 듯이 느껴질 수도 있지만 대부분의 남성은 집단 사회화를 통해 여성이 남성보다 열등하다고 배워 온 게 사실이다.

이런 이슈들을 연구하고 성평등을 생활화한 남성들조차도

맨박스 속으로 굴러떨어지곤 한다. 하지만 적어도 이들은 더이상 자동주행 모드가 아니다. 예전부터 해온 방식대로 행동하지 않고 자신의 말과 행동을 의식적으로 생각한다. 자신의 말과 행동을 자각한다고 해서 실수를 저지르지 않을 수는 없다. 자신을 개선할 방법을 끊임없이 고민하고 긍정적인 방향으로 나아가는 태도를 보이는 게 중요하다.

자각 능력을 키우다 보면 자신이 여성들의 말을 무시해왔다는 사실을 깨닫게 된다. 다른 남성들은 자신의 행동이 잘못되었다는 걸 인식조차 하지 못할 때 자각 능력이 있는 남성들은 최소한 자신의 행동이 어떤 의미를 갖는지, 그 행동이 옳은지 그른지 판단할 수 있게 된다. 자각 능력을 키운 후엔 자신이 언제 맨박스 안에 갇혀 행동하며 언제 맨박스 밖으로 벗어나 있는지 판단할 수 있게 된다.

우리 모두는 자신을 돌아보는 자각 능력을 갖기 위해 노력해야 한다. 성차별주의자냐 아니냐는 중요한 문제가 아니다. 자신이 성차별적인 행동을 할 때 이를 자각하고 그 행동을 개선할 의지가 있는지의 문제다. 성차별주의에서 탈피하는 건 하나의 과정이다. 성차별적인 행동의 빈도를 줄이려 노력하거나 성차별적인 말이나 행동을 할 때 불편한 기분이 드는 과정이 이에 속한다. 자신의 말과 행동을 돌아보고 점검해야 한다. 자신이 부적절한 행동을 했는지 아닌지를 타인, 특히 주변 여성들이 판단하도록 내버려두지 않고 스스로 깨치는 것이 중요하다.

언제든 건설적인 비판을 수용하는 자세를 갖는 것 또한 중요하다. 당신의 의도만큼이나 중요한 것이 바로 당신의 행동이 남에게 끼치는 영향이라는 것을 기억하자. 남성들은 자신의 언어 표현이 여성을 크게 억압할 수 있다는 점을 깨닫고 이를 바꿔야 한다. 여러분도 그럴지 모른다. 평소 아무런 의심 없이 쓰던 단어가 어느 날 문득 다른 의미로 다가올 때가 있다. '이 말이 좀 이상하네. 뉘앙스가 왠지 적절하지 않은 것 같아. 차라리 다른 단어를 사용해야겠다. 이 단어는 더 이상 사용하지 말아야지.' 맨박스를 벗어나는 과정이 시작된 것이다.

대학 캠퍼스 속 맨박스

여학생들에게 캠퍼스는 더 이상 안전한 장소가 아니다. 여성이 열등하다는 인식과 여성의 성적 대상화를 학습한 남학생들이 집단 심리에 빠지면 여성들의 안전을 위협하는 결과를 낳는다. 게다가 대학 캠퍼스 주변은 각종 술집으로 둘러싸여 있다. 캠퍼스 내의 음주 문화 역시 너무 느슨한 경우가 많다. 청소년들이 진학할 대학을 고를 때 학교의 학구적 위상만이 아니라 술자리나 사교 활동을 규제하는지 여부를 참고하기도 한다.

대학가에는 금세 숙박촌이 형성되곤 한다. 많은 대학들이 학생들을 수용하기에 턱없이 부족한 기숙사 시설을 갖고 있기 때문이다. 뉴욕의 대학가에 살 때 내가 살던 집에서 두 집 건너 빌딩 역시 숙박 시설로 변경되었다. 그 빌딩에는 언제나 스무 명에서 서른 명가량의 학생들이 오갔다. 학생들의 폭음은 일상적이었고 성추행과 강간 사건이 연이어 벌어졌다. 그 동네에 살던 나의 반응은 다른 이웃들과 비슷했다. 더는 대학가의 파티 하우스 옆에서 살기 싫었다. 하지만 내가 집을 팔면 다음 집주인은 집을 숙박 시설로 만들 것이다. 직접 숙박 시설을 만들고 새로 살 집을 알아보는 방법도 있었다. 하지만 그렇게 되면 내 집을 포함한 동네 블록이 다 대학생을 위한 숙박 시설이 되어버릴 판이었다. 이제 갓 고등학교를 졸업한 아이들이 아무런 규제 없이 모여 살게 된다. 이런 환경에서는 여성에 대한 그릇된 인식이 걷잡을 수 없이 번진다. 지금껏 남성들이 집단 사회화를 통해 배워온 '여성들은 열등하고 남성의 소유물이자 성적 대상이라는' 그릇된 인식 말이다.

대다수 대학은 학내 동호회를 가지고 있다. 그런데 이들 중 다수가 학교의 방침에 따르지 않는다는 이유로 캠퍼스 밖으로 퇴출당한다. 이때 문제점은 동호회를 캠퍼스 밖, 길 하나 건너편으로 옮기는 눈 가리고 아웅 식의 대처이다. 어디까지가 캠퍼스인지 경계선이 명확하지 않은 상황에서 이들 동호회가 공식적으로는 캠퍼스 외부로 쫓겨 나왔다는 걸 알기란 쉽지 않다. 그리고 한번 캠퍼스 외부로 옮겨진 이상 더더욱 규율을 따르지 않는 무법 조직이 될 수밖에 없다. 집단으로 학습한 남성성의 규범에 더해 알코올의 영향과 또래 집단의 압력이 가해지면 남학생들의 집단 심리가 폭주하게 마련이다. 대학에 진학하는 여학생 네 명 중 한 명이 성추행 혹은 성폭행을 당하는 비극은 바로 이 때문이다. 대학 캠퍼스는 우리 딸들에게 매우 위험한 장소가 되어버렸다. 대학 진학 이전에는 술을 모르다가 캠퍼스에서 시간을 보낸 뒤 나쁜 음주 습관이나 음주 문제를 안고 집에 돌아오는 자녀들을 어렵지 않게 볼 수 있다.

성폭행 피해 여성의 75%가 스물다섯 살 이하의 젊은 여성이라는 사실은 대학 캠퍼스에서 조성된 분위기와 무관하지 않다. 생각해보면 이 모든 것이 맞아 떨어진다. 현실이 이 지경인데 우리는 왜 분노하지 않는가? 우리는 왜 남성성의 집단 사회화가 남성들을 이토록 현실에 무감각하게 만들 때까지 행동에 나서지 않았는가?

대부분의 대학들은 일정 부분 국고 보조금을 받아서 운영된다. 나는 보조금 지원 대상 대학들에 더욱 엄격한 성폭력 방지 대책을 요구한다. 모든 국고 보조금 수령 대학들이 성폭력 방지 교육과 성범죄 의식 개선 프로그램을 운영하고, 성폭력을 저지른 이들에게는 상응하는 처벌을 하는 것이다. 모든 국고 보조금 수령 대학들이 성폭력 피해자를 지원하는 센터를 운영하도록 요구해야 한다. 나아가 모든 대학이 여성센터를 설립할 필요가 있다. 모든 대학이 남성에게 건강하고 바람직한 남성상을 알리는 역할을 담당했으면 좋겠다. 국고 보조금을 받는 대학들부터 이런 새로운 목표를 제시한다면 캠퍼스 내 성폭력 사건을 없애고자 하는 움직임에 큰 영향을 미칠 것이 틀림없다. 내가 얘기하는 바는 그다지 복잡한 내용이 아니다. 물론 여성들의 삶에 관심 결핍 상태로 남고자 하는 남성들에게는 그야말로 쇠귀에 경 읽기겠지만 말이다.

우리는 여성을 남성의 소유물로 여겨온 과거를 언급해야 한다. 법적인 소유관계가 성립하지는 않는다고 하지만 이는 엄연히 오늘날 우리 사회와 법체계의 기반에서 명맥을 유지하는 믿음이다. 아직까지도 아내를 때린 남편은 가정법원으로 보내진다. 만약 아내가 아닌 다른 여성을 때렸다면 형사법원으로 보내질 텐데 말이다. 알다시피 형사법원의 처벌은 가정법원보다 엄격하다. 이게 무슨 뜻일까? 남성이 자신의 아내를 때렸다면 모르는 여성을 때렸을 때보다 그 죄의 무게가 가볍다는 뜻인가?

대다수 남성들은 그저 소란피우지 않고 조용히 착하게 살아간다. 선한 마음을 가진 착한 이들이다. 여기서 묻고 싶은 게 있다. 남성들의 대다수가 마음씨 착한 사람들이고 여성에게 폭력을 쓰는 나쁜 남자는 극소수라면 대체 어떻게 여성 폭력이 이토록 만연할 수 있는가? 여성 폭력 문제는 전염병만큼이나 널리 퍼져 있고 암과 심장 질환만큼이나 흔한 여성의 신체적 상해 요인으로 꼽히는데 말이다. 이들 착한 남성들의 묵인 하에 오늘도 여성 폭력은 이어지고 있다. 대다수 착한 남성들이 고민하고 답을 찾아야 할 문제다.

착한 남성들의 과제는 폭력적인 남성들과 자신이 어떤 관계에 놓여 있는지 분석해보는 것이다. 폭력남과 나의 공통점은 무엇일까? 그와 나는 어떤 면에서 다를까? 폭력남의 행동으로 인해 평범한 남성들이 이득을 보는 경우가 있을까? 또 하나의 타당한 질문은 '그런데도 불구하고 폭력을 쓴 남성에게 공감하는 부분이 충돌하는 부분보다 많지는 않은가?'와 같은 물음이다. 착한 남성들은 여성 폭력 문제 해결을 돕고 있는가 아니면 문제를 지속시키고 있는가? 여성들이 스스로 여성 폭력 문제를 해결할 수 있었다면 예전에 해결했을 것이다. 여성 폭력 문제를 제대로 뿌리 뽑기 위해서는 대다수 남성들의 적극적인 참여가 필요하다. 이제 우리 모두가 분노할 때다.

CHAPTER 8

그럼에도
남자를
믿는다

남성들은
자신의 기존 행동이
주는 편안함보다
새로 알게 된 지식이
주는 불편함이
더욱 크게 느껴질 때
변하기 시작한다.

MAN BOX

노력과 인내심, 용기를 가지면 맨박스를 벗어나 더 많은 시간을 보낼 수 있다. 그 첫 단계로 뜻이 맞는 남성들을 모아야 한다. 처음부터 완벽할 수는 없다. 성평등 이슈를 다시 생각하기 시작한 남성은 이것이 아주 장기적이고 힘든 (하지만 보람찬) 과정이란 걸 예상하고 있을 것이다. 궤도를 벗어나지 않고 꾸준히 노력하려면 주변에서 동기부여를 도와줄 이들이 필요하다. 내 경우 가장 큰 동기부여는 내 딸들이 살아갈 미래 세상과 내 아들들이 자라났을 때의 모습이 아닐까 싶다. 큰 그림이 눈에 들어오기 시작하면 지금까지 내 생각이 얼마나 좁았는지 이해하기가 쉬워진다.

내가 줄 수 있는 도움이 한 가지 있다면 바로 지식이 주는 불편을 덜어주는 것이다. 새로운 지식을 배운 후 그게 옳은 일이라는 걸 알면서도 잘못된 행동을 바꾸지 않으면 일종의 불편함을 느끼게 된다. 이럴 땐 비판적이고 뚜렷한 목표를 둔 대화를 하는 것이 효과가 있다. 불편을 느끼는 다른 남성들과 함께 맨 박스를 해체하다 보면 이윽고 변화가 생기기 시작한다. 남성들은 새로운 것을 배울 때 일어나는 인식 변화의 여정을 흥미롭게 여긴다. 다만 초기 흥미만으로 남성들을 우리가 원하는 수준까지 변화시키는 데에는 한계가 있다. 남성들은 원래의 익숙함보다 새로 알게 된 지식이 주는 불편함을 더욱 크게 느낄 때 변하기 시작한다.

남성들은 자신의 친구 무리 중 한 명이 여성에게 무례한 말을 던지더라도 아무 말도 하지 않을 가능성이 크다. 침묵을 지키는 이유 중 하나는 아마도 무례하게 행동하는 그 친구의 기분을 거스르고 싶지 않아서일 것이다. 또는 상황에 개입하는 것 자체가 바람직하지 않은 행동이라고 느껴서일 수도 있다. 아니면 친구의 무례한 행동에 동참하는 것을 불편하게 느껴서 입을 다물고 있는 것일 수도 있다. 하지만 나는 남성들이 이런 상황에 침묵하는 것을 불편하게 느끼다 못해 행동에 나서길 바란다. 지식이 주는 불편함이 너무나도 크게 다가와서 더는 침묵을 고집할 수 없어야 한다. 무례한 친구에게 당장 그만두라고 말하도록 말이다. 불편한 감정이야말로 남성을 행동에 나서게 만드는 기폭제이다. 이 불편한 감정은 남성들이 자기 삶 속 맨박스를 점검하기 시작한 다음에야 크게 다가온다.

난 주변의 남성 누군가가 여성에게 부적절한 말을 한 상황에 맞닥뜨렸는데 그 사람을 그냥 보낸 후 내가 여성에게 "저 사람이 한 말을 들었어요. 굉장히 유감입니다"라고 말하는 것을 매우 불편하게 느낀다. 그런 미온적 대응을 상상만 해도 불편한 감정이 든다. 내가 깨달은 방식은 여성이 보는 앞에서 곧바로 남성의 행동에 문제를 제기하는 것이다(물론 애정을 담아 상냥하게). 무례한 취급을 당한 여성을 돕지 않고 있다가 나중에 그녀를 마주하는 것보다는 상황이 벌어졌을 때 바로 그녀 편을 들어서 문제 제기에 나서는 것이 불편함을 줄인다는 결론에 이르렀기 때문이다. 나도 처음부터 이런 태도를 가졌던 건 아니다. 나 역시 변화의 과정에 놓여 있다. 비슷한 상황에서 언제나 문제 제기에 나서는 것도 아니다. 나 역시 무슨 말이라도 해야만 하는 상황에서 침묵을 지킨 적이 있다. 겁이 났거나 상대방 남성의 기분을 거스르고 싶지 않아서, 아니면 문제를 제기할 기분이 영 아니어서 침묵한 적도 있다. 하지만 우리의 사명은 일순간 완벽해지는 것이 아니라 성차별을 반대하는 남성으로 거듭나기 위한 각자의 여정에 나서는 것이다.

모든 남성이 이런 여정을 반기지 않을 수도 있다. 맨박스에서 벗어나기 위해서는 매일 번거롭게 노력을 기울여야 하기 때문이다. 우리는 남성으로서의 기득권을 이미 즐기고 있다. 인정하기 싫겠지만 사실이 그렇다. 우린 남성에게 주어진 힘과 권력을 즐기고 있다. 힘과 권력을 동원해서 나쁜 짓을 하는 건 아니더라도 남자라서 누릴 수 있는 특권을 반기는 것만은 사실이다. 남성들은 대체로 맨박스 안에서 살아가는 게 나쁘지 않다고 여긴다. 따라서 이 책이 바라는 목표는 남성들이 맨박스 안에서의 삶이 불편하다고 느끼게 만드는 것이다. 남성들이 맨박스 밖으로 나와야만 성평등을 이룰 수 있기 때문이다.

여성들이 성평등을 언급하면 남성들은 걱정스레 묻는다. "그래서 내가 뭘 포기해야 하는데?" 대놓고 말하지는 않더라도 남성들은 성평등을 이루기 위해 자신들이 무엇을 포기해야 하는지부터 걱정하게 마련이다. 이들에게 성평등은 반가운 선물과 같다는 인식을 심어주는 것이 이 책의 목표다. 나는 남성들이 성평등을 지지함으로써 무엇을 잃게 되는지가 아니라 무엇을 얻을 수 있는지를 깨닫기 바란다.

남성들은 여느 지배 집단(백인, 부유층, 이성애자, 비장애인 등)과 마찬가지로 그들이 포기해야 할 기득권에 신경을 곤두세우도록 배워왔다. 그들의 기득권은 상대방 위에 군림하는 힘과 특혜로 이루어져 있지만 그들은 그렇게 생각하지 않는다. 그들은 자신이 누리는 특혜를 노력으로 얻은 결과라고 부른다. 우리 사회에서 평등이 논의될 때 그들 지배 집단의 눈에는 소수 집단이 노력도 않고 특혜를 누리려는 것으로 비춰진다. 지배 집단의 시점에서는 구조적이고 제도적인 탄압이 보이지 않는다. 그들은 이 사회가 모든 것을 노력으로 얻는 실력주의 세상이라 착각하곤 한다.

여기서 중요한 점은 지배 집단인 남성들이 인간애의 큰 부분을 상실하고도 그것을 깨닫지 못한다는 것이다. 특히 여성 집단에게 인간애가 얼마나 소중한 것인지 알아채지도 경험하지도 못한 채 살아간다. 그들이 결핍된 인간애를 되찾는 첫 계기가 바로 딸을 낳고 '우리 공주님'과 처음 눈을 맞추는 시점이다. 그 순간 남성은 자신의 세계가 변화함을 느낀다. 자신이 지금껏 주변 여성들에게 내주었던 것보다 훨씬 더 많은 것이 자신의 딸에게 주어지길 바라게 된다. 이게 바로 딸을 둔 아버지들이 겪는 내부적 갈등이다. 딸을 둔 남성들은 자문해야 한다. "나는 내 딸이 나 같은 남자와 결혼하는 게 달가울까?"

우리는 두 성별이 힘을 합해 이루어내는 사랑과 애정이 가득한 성평등의 세상을 꿈꾼다. 무엇 하나 부족함이 없고 해방감이 차오르는 세상. 사람과 사람 간의 경계를 허무는 경험이다. 일부 남성들에게는 와닿지 않는 제안이라는 걸 잘 안다. 바로 남성들의 집단 사회화 교육 때문이다. 우리는 맨박스가 여러 가지 면에서 남성의 내면을 파괴하고 있단 점을 인정해야 한다. 조금만 이성적으로 생각해보면 대부분의 경우 정말 그렇다는 사실을 깨닫게 된다.

힙합을 듣는 젊은 세대든 뽕짝을 흥얼거리는 옛날 세대든 앞으로 해야 할 일은 같다. 서로 다른 환경의 남성들 간에도 남성 중심주의는 비슷한 형태를 띤다. 우리가 하는 활동은 남성에게서 무언가를 빼앗아 가려는 것이 아니다. 먼 과거로부터 세대에 걸쳐 전해 내려온 훌륭한 자산들에는 자부심을 느끼는 것이 맞다. 대다수 남성들은 가족을 위해 일하는 사랑스러운 남편이자 아버지의 역할을 하도록 이전 세대로부터 배워왔다. 다만 남자가 된다는 것의 사회적 책임을 다른 각도에서 생각할 필요가 있다는 것이다.

지역 차이든 문화 차이든 각자의 규범과 경험은 다를 수밖에 없다. 경제적으로 풍요하든 빈곤하든 남성들 간에는 각자의 방식이 있다. 백인이든 유색인이든 젊은 남성이든 중장년 남성이든 미국 태생이든 교포이든 기독교 신자이든 무슬림이든 남성들 각자가 따르는 방식과 행동 규범에는 차이가 있지만, 모두의 공통점을 꼽자면 바로 여성에게는 더 낮은 가치를 매기도록 사회적으로 교육받았다는 점이다. 이 모든 집단은 여성이 남성의 소유물이라고 배운다. 어떤 집단에서는 이런 믿음이 더욱 극단적일 수 있다. 어찌 됐든 모든 집단에서 공통적으로 학습된다는 것만은 사실이다. 마찬가지로 여성은 도구, 특히 성적인 도구라고 배운다. 이 세 가지 요소는 "여성이 열등하다는 믿음+소유물이라는 인식+성적 대상화=여성을 향한 폭력"이라는 등식을 만들어낸다. 좌변은 언제나 우변을 만들어낸다. 이 등식은 전 세계 어디서나 같은 값을 가진다.

난 이 책에 담긴 정보와 관점이 남성 관련 이슈를 이해하고 인정하며 책임감을 느끼는 데 도움이 되기를 바란다. 성차별주의는 여전히 여성 폭력 문제의 원인으로 작용한다. 우리는 역사에서 전통과 관습에서 그리고 사회적 규범 속에서 남성이 여성을 제압하고 공격적인 태도로 일관해왔음을 알고 있다. 남성들은 곧잘 자신의 성별 때문에 제공받은 특혜와 이점을 마치 당연히 행사할 수 있는 권리처럼 여긴다. 그리고 안타깝게도 우리의 문화적 규범은 이런 믿음이 옳다고 편들어준다. 여성은 남성보다 열등하며 여성의 역할은 남성을 대접하고 즐겁게 해주는 것이라는 믿음 말이다. 남성이 여성을 비하하고 억압하며 학대하는 행위는 주변에서 쉽게 볼 수 있다. 이런 사회적 해악은 남성들이 먼저 책임을 인정하고 해결에 적극적으로 나서지 않는 한 고쳐질 수 없다. 선한 의도를 가진 남성이라고 해서 이토록 많은 이의 삶에 영향을 미치는 문제를 계속해서 무시로 일관할 수만은 없다. 궁극적으로는 그들이 사랑하는 여성들에게도 영향을 미칠 문제이기 때문이다.

여성 폭력의 피해자는 여성들만이 아니다. 여성 폭력은 아이들의 삶에 영향을 미치고 가정을 파괴하며 일터에서 업무를 방해한다. 처음엔 개인으로 시작하겠지만 점차 선한 남성들 여럿이 연대해서 목소리를 내고 서로에게 책임을 물어야 한다. 우리에게는 그럴 의무가 있다. 우리 모두는 여성 폭력을 없애는 변화의 주체가 될 수 있다. 이미 여러 해에 걸쳐 여성 폭력 분야 활동가들과 선의의 시민들이 변화의 움직임을 이끌어왔다. 하지만 수많은 이들의 노력에도 불구하고 여성들이 겪는 고통과 희생, 치명적인 피해는 줄어들지 않았다.

어떤 남성들은 여전히 여성에게 폭력과 위협을 휘두른다. 그들은 여성을 억압하고 통제하려는 목적으로 힘을 악용하고도 별다른 제재를 받지 않는다. 이런 현실이 특히나 충격적인 것은 여성들이 겪어온 끔찍한 고통과 착취, 가늠하기 힘든 희생이 거의 매번 남성들의 손에 의해 자행되었다는 점이다.

여성 폭력은 명백한 인권침해다. 만약 한 집단이 다른 집단을 공격한다면 그 행위는 당연히 인권침해로 다뤄질 것이다. 하지만 우리 사회는 여성 폭력 문제에 관해서만은 남성들에게 책임을 면제해준다. 이때부터 여성 폭력은 사회적 문제도 아니고 남성들의 문제도 아닌 '여성 문제'가 되고 만다. 가정 폭력, 성폭력 및 여성을 표적으로 하는 모든 폭력과 학대 행위가 '여성만의 문제'로 치부되는 순간 문제의 심각성이 훼손된다. 평범하고 선한 남성들은 이 문제에 관심이 없다. 자신과 아무 상관이 없다고 느끼기 때문이다.

심지어 우리는 억압에 저항하는 여성들에게 특권 단체라든가 소수 단체, 페미니스트 조직이라는 이름을 붙인다. 노력에도 불구하고 이러한 단체들은 과소평가 되기 일쑤다. 사회적 위상이나 영향력, 동원 가능한 자원이 한정적이고 중요하지 않은 역할을 하는 듯 보이기 때문이다. 하지만 여성들이 직면한 현실과 남성들의 폭력을 말하는 여성들의 목소리를 통해 많은 것을 배울 수 있다. 남성들이 '남성에 의한 여성 폭력'을 고발하는 목소리를 내기 시작하면 폭력 행위의 책임을 가해 남성들에게 더욱 효과적으로 물을 수 있을 것이다. 우리는 남성들을 불쾌하게 하지 않으려고 데이트 폭력이나 가정 폭력 같은 포괄적이고 중립적인 용어를 사용하곤 한다. 하지만 사실대로 정확히 명칭을 정하자면 행위의 가해자인 남성을 지목하는 표현을 사용해야 한다. '남성에 의한 여성 폭력'처럼 말이다.

여성 폭력 문제를 직접적으로 해결하려면 남성들을 일차적 책임에서 면제시켜주어서는 안 된다. 문제의 핵심은 여성과 그들의 희생이 아니라 남성과 그들의 범죄 행위여야 한다. 여성이 학대당할 때 남성이 침묵하는 것은 폭력을 조장하는 결과를 낳는다. 평범한 남성의 침묵은 허락을 뜻한다. 침묵은 남성들 간의 이해관계를 둘러싼 공모 행위이기도 하다. 우리의 침묵은 여성을 해치는 폭력적인 행동이 마치 정상적으로 용납되는 행위처럼 비춰지게 만든다. 대다수 남성들의 본심은 폭력적인 남성에게 면죄부를 주고자 함이 아니란 걸 안다. 하지만 우리의 침묵이 결과적으로는 동의의 표현이나 마찬가지임을 깨달아야 한다. 폭력적인 남성들은 착한 남성들이 침묵을 지킬 거라

맨박스

믿고 있으며 우리가 구시대적인 남성상에 충실하게 행동할 것이라는 전제 하에 행동한다. 폭력적인 남성들은 선한 남성들이 계속해서 여성은 남성의 소유물이라는 믿음을 공유해주기를 바란다. 그래서 그들이 여성에게 무슨 짓을 하든 간섭하지 않게 말이다. 폭력적인 남성들은 선한 남성들이 계속해서 성폭력에 노출된 여성 피해자들을 괴롭히길 원한다. 피해 여성이 왜 거기에 있었으며, 알아서 조심하지 않고 왜 그런 치마를 입었는지를 캐물으며 여성들을 취조하길 원한다.

남성들은 여성 폭력 문제에 있어서 중립적인 태도를 취해서는 안 된다. 여성 폭력 문제는 모든 남성 개개인이 책임져야 할 문제다. 우리 모두는 자기 일처럼 폭력 근절을 약속해야 한다. 남성에 의한 여성 폭력은 남성 모두가 연대적 책임감을 느끼기 전까지 사라지지 않을 것이다. 난 모든 남성들이 자신의 사회화 학습 내용과 여성에 대한 생각을 점검해보길 요청한다. 이 문제의 원인이 자신이라는 의무감을 바탕으로 솔직하고 진솔하게 그리고 자신의 기득권을 내려놓을 각오로 말이다.

남성들은 자신의 맨박스를 정면으로 마주하고 맨박스가 남성 중심적인 사고, 여성을 향한 억압과 학대 및 성적 대상화를 지지해왔음을 인정해야 한다. 남성들은 자신의 아들과 주변 남성들에게 모범을 보일 수 있도록 스스로 맨박스에서 벗어나야 한다. 스트립 클럽과 남성 도색 잡지, 여성을 비하하는 다른 모든 매체들을 거부해야 한다. 언어 폭력이든 신체적 학대든 어떤 종류의 폭력일지라도 변명하려 하지 말고, 폭력을 쓴 당사자가 내가 아는 사람인지 여부도 고민하지 말아야 한다. 폭력적인 행동을 목격하면 바로 상황에 개입하거나 공권력에 도움을 요청해야 한다. 여성 폭력에 대한 분노를 행동으로 표현해야 한다, 우리 사회의 착한 남성들은 너무 오랫동안 침묵만을 지켜왔다. 자신이 사는 지역 사회에도 폭력적인 남성에 대응하기 위한 프로그램과 중재 방안을 도입할 수 있도록 주변 남성들을 선동하고 가능한 많은 도움을 구해 주변의 변화를 만들어 내야 한다.

그리고 가장 중요하게는 여성들의 말에 귀 기울여야 한다. 그들의 목소리로부터 많은 것을 배울 수 있다. 우리가 여성들에게 귀 기울이지 않으면 힘의 불균형은 지속될 수밖에 없다. 여성들은 성차별을 뿌리 뽑기 위해 오랫동안 노력해왔다. 여성들은 남성들이 필요로 하는 지식과 경험, 직관을 갖고 있다. 남성들은 그들의 리드를 따라야 한다. 여성들이야말로 남성들이 그들에게 행해온 폭력 행위의 전문가이다. 여성들은 목소리를 내왔지만 남성들은 지금껏 귀 기울이지 않았다. 남성들이 맨박스에서 나와 진심 어린 마음으로 정보를 받아들이기 전에는 여성들이 겪어온 탄압을 제대로 이해할 수 없다.

지식이 머릿속에 쌓이고 나면 남성들은 더욱 사려 깊고 책임감 있는 결정을 내릴 수 있을 것이다. 이 문제의 본질은 여성이 남성에게 구해지기를 바라는 것도 보호받기를 원하는 것도 아니다.

여성들은 보호받기를 원하지 않는다. 남성이 폭력을 쓰지 않기를 바랄 뿐이다. 남성들은 해법의 일부분으로 문제 해결에 참여하면 된다. 모든 남성이 모든 여성을 존중한다면 여성의 안전은 자연히 뒤따라 올 것이고 여성 폭력도 감소할 것이다. 먼 훗날엔 아예 사라질지도 모른다. 맨박스가 언제까지 선한 남성들의 핑계가 되어 줄 수는 없다.

사회적 변화를 이루기 위해서는 두려움과 불안감을 떨쳐내고 새로운 행동 기준을 만들어야 한다. 변화는 누구에게나 힘든 과정이다. 남성들은 자신이 이 문제를 언급한다고 해서 남들에게 어떻게 받아들여질지 두려워해선 안 된다. 사회적으로 학습한 맨박스의 규범을 무시한다고 해서 나약하거나 무른 인상을 주진 않을까 걱정해선 안 된다. 오히려 맨박스에서 벗어나는 것이야말로 진정한 남자의 모습이라는 걸 깨달아야 한다. 특별한 용기와 배짱 없이는 맨박스에서 벗어날 수 없으니 말이다.

남성들이 여성 폭력 문제에 대해 전적으로 책임을 인정할 때 우리는 비로소 사회적 변화의 길에 접어들 수 있다. 이를 위해선 진실한 태도와 책임감 그리고 말뿐만 아니라 행동으로 보여주는 일관성이 필요하다. 우리가 학수고대하는 미래 세상에서는 진정한 남자의 기준이 달라질 것이다. 그것은 위협적인 말투, 고압적인 태도, 공격적인 눈빛, 야욕에 사로잡힌 사고방식, 주먹에 담긴 폭력성으로 대변되지 않을 것이다. 우리는 남자다움이 새롭게 정의되는 날이 올 것이라고 믿는다. 우리는 모든 연령의 남성이 다정하고 정중하게 행동하며 우리의 딸과 어머니, 누나와 여동생, 아내와 여자 친구를 비롯한 모든 여성들이 안전한 세상을 만들 것이다.

CHAPTER 9

다시 쓰는
남자다움

여성 폭력의
일차적 원인은
남성이다.

MAN BOX

평범한 남성의 작은 변화가

모든 것을 바꾼다

테드 번치와 나를 포함한 ACTM의 동료들은 지난 20년간 여성 단체들과 연합하여 성차별주의를 뿌리 뽑고자 노력해왔습니다. 여러 사람이 힘을 모아 남성들의 참여를 유도하고 여성 폭력 문제에 대한 인식을 향상시키는 활동은 언제나 보람차게 느껴집니다.

　우린 이 사회의 여성들, 어린 여자아이들을 대상으로 벌어지는 폭력의 일차적 원인이 남성들에게 있다고 생각합니다. 여성 폭력 문제 개선을 위한 노력은 언제나 여성 단체에 맡겨져 왔습니다. 하지만 우리는 남성들이야말로 이 문제 해결에 필수적인 역할을 한다고 믿습니다. 문제 해결을 위해서는 자신이 여성 폭력 문제의 일부라는 의심조차 않는 선한 남성들의 적극적인 참여가 필요합니다. 그들에게 참고가 될 수 있는 일곱 가지 메시지를 소개합니다.

남성 중심주의는 사라져야 합니다. 여성을 향한 폭력과 차별은 남성 중심주의에서 시작되었습니다. 남성 중심주의는 왜곡된 남자다움을 만든 주범이기도 합니다. 오늘날 남자다움의 정의는 세 가지 큰 축으로 구성되어 있습니다. 첫째, 여성은 남성보다 열등하다는 인식입니다. 둘째, 여성은 남성의 소유물이라는 인식입니다. 셋째, 여성은 남성의 성적 도구라는 시각입니다. 이런 인식은 여성을 향한 폭력과 차별 문화를 조장하는 역할을 해왔습니다.

가정 폭력과 성폭력을 근절하는 노력은 전적으로 남성들의 몫입니다. 여성을 표적으로 하는 가정 폭력, 성폭력 및 다른 모든 종류의 학대 행위를 멈추려는 노력은 전적으로 남성들의 책임입니다. 남성들은 서로에게, 어린 소년들에게, 주변 청소년에게 건강하고 바람직한 남성성을 가르치고 홍보할 의무가 있습니다.

폭력과 차별은 종류와 관계없이 사라져야 합니다. 여성에게 자행되는 폭력과 차별 중 일부만 문제 삼아서는 안 됩니다. 여러 종류의 폭력과 차별 행위는 뒤섞여서 나타나곤 합니다. 따라서 특정 폭력 행위만 골라서 문제를 제기한다면 여성 폭력 문제의 통합적인 해결이 불가능합니다.

여성들이 내는 목소리에 귀 기울여야 합니다. 남성들이 자행하는 여성 폭력을 없애는 데에는 남성들의 역할이 주가 되지만 그 과정에서 여성들의 목소리와 의견과 경험을 필수적으로 참고해야 합니다. 종류가 무엇이든 학대를 멈추려면 피해자의 처지부터 이해해야합니다.

여러 억압 행위에는 교차점이 존재한다는 점을 기억해야 합니다. 우리는 목적 의식을 가지고 통합적인 해결책을 고민해야 합니다. 그러기 위해서는 여성들과 힘없는 이들이 다양한 종류의 억압 행위에 노출되어 있다는 점을 이해해야 합니다. 이런 인식 없이는 '눈에 잘 띄는' 특정 문제에만 매달리는 결과를 맞게 됩니다. 여성 폭력 문제를 뿌리 뽑기 위해선 억압 행위가 여러 방면에서 다양하게 작용함을 깨닫는 것이 중요하며 모든 남성들의 전방위적인 노력이 필요합니다.

지역 사회에 기반을 둔 참여를 유도해야 합니다. 여성 폭력 문제를 근절하려면 계층과 지역을 아우르는 공동의 노력이 필요합니다. 다양한 기관과 조직이 지역 문화와 환경에 적합한 폭력 방지 프로그램 구상에 참여하고 그 과정을 이끌어야 합니다.

남성 스스로 남성에 대한 희망을 가져야 합니다. 대다수 남성들은 여성 폭력을 저지르는 당사자가 아닙니다. 그들에게 잘못이 있다면 여성 폭력 행위가 만연할 수 있도록 남성 위주의 문화를 조성하고 유지함으로써 편의를 취해왔다는 것입니다. 이런 현실에 눈을 뜨는 남성들에게는 희망이 있습니다.

우리의 꿈은 남자다움에 대한 인식을 바꾸고 남성들이 이끄는 여성 폭력 방지 운동을 만들어내는 것입니다. 우리는 여성들이 처한 현실을 이해하며 존중하는 동시에 남성들에게 진심 어린 애정과 희망을 갖고 활동을 이어나가려 합니다.

동참하시겠습니까?

감사의 말

지금까지 저를 믿고 개인적인 경험담을 털어놓은 남성들에게 감사의 말씀을 드립니다. 이 책의 필요성을 믿고 저를 지지해 준 모든 이들에게도 감사하다는 말을 전합니다. 여러분의 통찰력과 지혜 덕분에 이 여정을 마칠 수 있었습니다.

제 삶 속 두 명의 특별한 여성에게도 경의를 표합니다. ACTM 이라는 여정은 그웬 라이트 국장님과 필리스 프랭크 부대표님, 이 두 여성의 사랑과 멘토링 없이는 불가능했을 것입니다.

세상 그 무엇보다 감탄스러운 제 아내 태미에게도 감사의 마음을 전합니다. 그녀의 사랑과 헌신이 있었기에 제가 자유로이 활동을 펼칠 수 있었습니다. 그리고 언제나 저를 집중하게 만들고 겸손하게 만드는 제 아이들에게도 고맙다고 말하고 싶습니다.

막내아들 켄덜에게 전합니다. 켄덜, 우리 사이의 아주 특별한 부자관계는 내가 아버지이자 남자로 성장하는 데에 큰 도움이 되었단다. 이 책은 네 이야기로 가득 차 있어. 나는 우리의 이야기를 담음으로써 이 세상 아버지들이 남자로서 자라는 아들의 삶에 어떤 역할을 하는지 알려주고 싶었단다.

훌륭한 조언자이자 저의 부족함을 상기시켜 주시는 마거리트 리 목사님과 케이시 R. 킴브로 목사님께도 감사의 말씀을 드립니다. 제가 끊임없이 배움을 이어나갈 수 있도록 도와주셨습니다.

마지막으로 친구이자 ACTM의 공동설립자인 테드 번치가 있습니다. 우리는 벌써 20년간 함께 해왔습니다. 일하면서 느끼는 기쁨과 어려움을 함께 나누며 우리의 사명에 전념해왔습니다. 감사의 마음을 전합니다.

이 책에 관하여

테드 번치, ACTM 공동설립자

토니가 여성 폭력 문제 해결에 남성들을 참여시키자는 아이디어를 가지고 절 찾아온 게 벌써 20여 년 전 일입니다. 우리 둘은 가정 폭력, 성폭력, 성매매, 그리고 여성을 향한 다양한 학대 문제를 해결하기 위해 남성들의 참여가 필요하다는 인식을 공유했습니다. 당시 저는 미국에서 가장 큰 규모의 가정 폭력 대응 프로그램을 운영 중이었습니다. 그 프로그램은 매주 약 600명의 남성을 대상으로 진행되었는데 그들은 법원 명령으로 26주간 상습 폭력 방지 치료를 받는 이들이었습니다. 토니와 저는 국가 차원의 프로그램 운영진으로서 각 지역을 돌면서 상습 폭력 방지 치료 프로그램의 다양한 접근법과 효과를 알리는 역할을 하고 있었습니다. 토니와 저는 금세 친구가 되었고 ACTM 활동의 토대가 될 이론과 분석 자료를 마련했습니다.

　여성 폭력 문제 및 성차별 근절을 위해 오랜 기간 최전선에서 싸워온 여성 전문가들에게서 우리는 많은 것을 배울 수 있었습니다. 가정 폭력에 대한 활동을 시작하기 전 토니와 저는 약물중독 분야에서 활약하고 있었습니다. 우리 둘은 프로그램 운영자이자 임상의였습니다. 제가 임상의로서 집중한 분야는 고질적으로 재활에 실패하는 약물 의존적 환자를 위한 대책 개발과 도입이었습니다. 그들은 입원 및 외래 치료에도 불구하고 약물 또는 알코올 섭취를 제어하지 못하는 환자들이었습니다. 어떤 의미 있는 개선과 회복도 불가능했고, 시도하는 족족 실패하고 말았습니다.

약물과 알코올에 중독된 이들은 대부분 약물을 통해 문제를 해결하려 합니다. 살면서 느끼는 고통이나 문제를 약물로 치료하려는 것이죠. 약물은 단기적으로 행복감을 올려주고 거짓된 희망과 용기를 줍니다. 치료에 참가한 대부분의 남성은 상처와 감정을 제대로 표현하지 못하고 억압된 심정을 감추거나 약물로 해결하려는 경향을 보였습니다. 그들이 느끼는 상처 대부분은 성장 과정과 직접적 연관이 있었습니다. 예를 들어 그들은 터프하고 겁이 없다는 걸 증명하기 위해 절대 울지 않고 감정을 억눌러야 했습니다. 우리 사회 거의 모든 남자아이들이 이런 방식으로 키워집니다. 방식은 조금씩 다를지 모르지만 하루도 거르지 않고 자신이 나약하지 않음을, 겁이 없고 용감한 남자라는 것을 증명해야 합니다.

이런 환자들을 상대로 활동하다 보니 저는 다루기 힘든 남성 그룹을 상담하는 특수 분야 전문가로서 뉴욕 지역에서는 나름의 명성을 얻었습니다. 1994년에는 비영리단체 Safe Horizon 의 남성 가정 폭력범 치료 프로그램 운영을 맡게 되었습니다. 폭력범 치료 프로그램은 폭력 당사자들에게 행위의 책임을 가르치는 방식으로 진행되었는데 저는 이때 가정 폭력 전문 여성 활동가들의 정치 사회적 분석 이론을 활용했습니다. 이 이론은 여성에 대한 남성의 폭력이 우리 사회의 가부장적 구조에 뿌리를 두고 있고, 이런 사회 구조가 남성들에게 성차별주의와 함께 남성이 여자보다 우월하다는 시각을 가르친다는 내용을 담고 있습니다.

가정 폭력의 근원이 가부장적 사회 구조에 있다는 믿음은 1990년대에만 해도 유력한 이론이 아니었습니다. 당시 시행되던 치료 프로그램과 법원의 해석에 근거한 가정 폭력 문제의 대응 모델은 남성의 폭력을 정신병으로 분류하거나 그들의 행동을 설명하는 다른 여러 이유를 덧붙이는 것이 일반적이었습니다. 하지만 제게는 남성성의 문제라든지 남자다움의 사회적 학습 방법 같은 주제가 더 흥미로웠습니다. 그것은 제가 인권 운동가이자 페미니스트인 부모님 아래서 사랐기 때문일 것입니다. 남성의 폭력을 정신병으로 치부하는 대신 남성들을 교육시키고 성차별주의와 사회적 억압의 실상을 알리는 데에 더 관심이 갔습니다. 우리는 남성에 의해 자행되는 여성 폭력 문제가 가부장적인 사회에 기반을 둔 결과라는 점을 확실히 밝히고자 했습니다. 당시로서는 급진적인 이론이었습니다. 지금도 다르지 않습니다. 기득권을 쥔 계층에게 문제를 제기하는 건 예나 지금이나 쉽지 않습니다.

폭력범 치료 방편으로 동원되는 것들은 대개 분노 조절 장애나 정신병 환자들을 위한 치료법입니다. 물론 폭력을 쓰는 이들의 일부는 정신병이 있을 수 있지만 제가 폭력범 치료 프로그램을 운영하면서 접한 대부분 남성들의 경우 그렇지 않았습니다. 프로그램 운영을 맡은 후 저는 프로그램 명칭을 '가정 폭력 책임감 향상 프로그램(Domestic Violence Accountability Program, DVAP)'으로 바꿔버렸습니다. 법원 명령에 따라 매년 1,800명 정도의 남성들이 DVAP를 거쳐 갔습니다. 그들은 상대방을 존중하고 비폭력적으로 상황에 맞게 행동하는 법을 알고 있었습니다. 평소 자신의 말과 행동을 조절할 능력을 충분히 갖추고 있었죠. 그들은 자신의 아내나 여자 친구를 빼고는 다른 누구에게도 폭력을 쓴 적이 없었습니다. 흔히 생각하듯 폭력성이 정신병 때문이었다면 폭력 행동은 여성 앞에서만이 아니라 여기저기서 나타났겠죠. 정신병 증상이 발현된다면 상대방을 가리거나 성별에 따라서 선택적으로 나타나지는 않을 테니까요. 하지만 남성의 폭력만큼은 여성 앞에서만 발현되는 듯했습니다.

DVAP의 책임자로 임명된 초기에 가정 폭력 사건 현장으로 출동했던 기억이 납니다. 사건을 접수한 두 명의 뉴욕 경찰관과 동행하여 브롱크스 현장에 도착했습니다. 신고 전화가 걸려온 곳은 트레몬트 가의 어느 2층 건물이었습니다. 건물 계단에 들어서자 한 남성의 목소리가 들려왔습니다. 남자는 소리를 지르고 있었고 갖은 욕설과 협박을 내뱉고 있었습니다. 나중에 알게 되었지만 상대는 그의 아내였죠. 곧 사람인지 물체인지 알 수 없는 무언가가 벽에 부딪히는 둔탁한 소리가 들려왔습니다. 끔찍했죠. 경찰관이 문을 두드리며 "경찰입니다! 문을 여십시오!" 하고 외쳤습니다. 그러자 순식간에 집 안이 조용해졌습니다. 어찌나 조용했던지 숨 쉬는 소리까지 들릴 것만 같았습니다. 이윽고 남성이 문을 열고 상냥한 목소리로 말했습니다. "안녕하세요, 경관님들. 어쩐 일이신지요?"

주체할 수 없는 분노에 사로잡혀 있던 남성은 경찰관을 맞이한 그 순간만큼은 자신의 화를 다스리는 데 문제가 없어 보였습니다. 그의 문제는 감정 기복이나 통제력 부족이 아니었습니다. 집안의 독재자로서 권력을 마음대로 휘두를 수 있는 주도권이 중요했던 것이죠. 자신의 행위에 대가가 따를 때만큼은 남성들도 화를 다스릴 수 있는 듯했습니다. 그들은 술을 마시고 취한 와중에 아내를 때리다가도 경찰관이 출동하면 때리는 행동을 멈춥니다. 누구는 때려도 괜찮고 누구는 때리면 안 되는지 취한 와중에도 구분하는 거죠. 이런 상황 판단 능력은 술의 영향보다 훨씬 강력하게 작용합니다. 아니, 이런 판단 능력은 사실 본능에 가깝습니다. 성별을 구분해서 화를 표출해야 한다는 판단 기준을 배우며 자라나는 남자아이들은 자연스레 여자가 남자보다 열등하다는 믿음을 받아들이게 됩니다.

토니와 저는 많은 시간을 함께 보냈고 이 분야의 여성 리더들로부터 배움을 이어갔습니다. 그러다 보니 차츰 큰 그림을

맨박스

봐야 한다는 생각이 들었습니다. 여성 폭력 문제가 가부장적 사회 구조, 남성 중심주의, 성차별주의의 문제를 넘어 모든 남성의 문제라는 데까지 생각이 미쳤습니다. 폭력을 쓰다가 검거된 소수의 남성들을 상대하는 데 집중하기보다 모든 남성을 대상으로 삼아야 했죠. 물론 폭력을 사용한 남성 개개인의 행동에 책임을 물어야 한다는 점에는 변함이 없었습니다. 하지만 개개인의 폭력 행위가 남성 중심주의와 여성 억압 문화의 맥락에서 자행된다는 것이 명확해진 이상, 남성 개인보다 남성 집단 전체에 관심을 기울여야 할 필요가 있었습니다.

당시 가정 폭력 문제에 대한 대응책은 주로 형사사법제도를 통해 이루어지고 있었습니다. 폭력 사건이 발생한 이후에야 대응이 이루어졌고 대응 방법이나 처벌조차도 불공평하고 불공정했습니다. 폭력범을 구속하는 것은 피해자를 위한 쉼터를 세우는 것처럼 사후 조치에 불과했습니다. 우리는 그보다 상위로 올라가서 폭력의 싹을 잘라내는 것을 목표로 삼았습니다. 우리의 사명은 '폭력의 근본적인 예방'이라고 생각했습니다. 폭력을 쓰지 않는 남성들이 방관자 모드에서 벗어나 문제 해결에 직접 참여토록 유도하기로 했습니다. 첫 프로젝트는 방관자적 태도의 개선이었고, 그다음은 남자다움과 남성성 토론이었습니다.

저는 여성들과의 연대가 남성의 참여를 유도하는 데 이바지했다고 생각합니다. 우리 활동의 목표와 범위는 매우 명확했습니다. 기존 여성 단체들이 펼쳐온 노력을 충분히 존중했으며, 우리 조직이 여성들을 지원하는 든든한 협력자라는 모습을 보여주려고 노력했습니다. 가정 폭력과 성폭력 근절 운동 분야의 협력은 우리가 거둔 가장 큰 수확입니다.

초창기에는 여성운동 단체들과 파트너십을 구축하는 데 많은 시간을 할애했습니다. 여성들과 어린 소녀들의 안전과 평등한 대우를 실현하기 위한 남성 중심의 활동이라곤 찾아보기 힘들었습니다. 우리는 여성운동 단체들과 힘을 모아야만 우리의 활동을 펼칠 수 있다고 생각했습니다. 여성 단체들과 협업해서 활동을 기획함으로써 페미니즘을 폭넓게 이해하고 남성들이 여성들에게 어떤 영향을 미치는지 파악할 수 있었습니다. 그리고 어떻게 하면 오늘날 여성들의 현실을 잘 반영하면서도 동시에 남성들에게 희망적인 메시지를 줄 수 있을지 깨달았습니다.

남성들에게 연설해 달라고 요청하는 쪽은 예나 지금이나 여성들입니다. 여성 폭력 문제를 근절하기 위한 노력의 대부분은 여성들이 담당하고 있죠. 여성 폭력 문제의 해답이 남성에게 달려있다고 우리와 뜻을 같이하는 것도 역시 여성들입니다.

여성들은 신변의 안전을 지키고 남성들의 폭력을 피할 확률을 높이기 위해 매일같이 노력을 기울이며 살고 있습니다. 통계 자료에 따르면 여성들은 하루에 세 명꼴로 현재 혹은 과거 배우자로부터 죽임을 당합니다. 가정 폭력과 성폭력은 여성들의 가장 흔한 신체적 상해 원인으로 꼽힙니다. 미국 기준으로 매일 응급실에 방문하는 여성들의 35% 정도는 남성에 의한 폭력의 직간접적인 결과입니다. 우리는 극히 소수의 남성이 폭력을 휘두른다는 걸 알고 있습니다. 대략 15~20%의 남성들이 가정 폭력, 데이트 폭력, 성폭력을 저지릅니다. 열 중 여덟은 그렇지 않다는 것이죠. 우린 이 여덟 명의 남성이 다른 두 명에게 폭력을 쓰지 말라고 말하면 분명 효과가 있을 것이라고 믿습니다. 다른 남성들이 던지는 비판을 받아야 한다는 점이 중요합니다. 폭력과 학대를 반대하는 남성들이 폭력을 쓰는 남성들에게 그들의 행위를 용납할 수 없다고 말할 때 우리가 고대하는 변화가 현실화되고 남자다움이 재정의될 거라 믿습니다.

제가 사는 동네의 이웃 주민이 아내를 심하게 구타하는 사건이 벌어진 적이 있습니다. 제가 살던 곳은 막다른 골목이라 동네 사람들을 제외하고는 외부 차량의 출입이 없었습니다. 만약 낯선 사람이 같은 골목 블록에 차를 댄다면 이웃 중 누군가가 "어느 집을 방문하시나요?" 하고 선뜻 물을 만큼 서로 친밀하게 지내는 동네였습니다.

제가 살던 집에서 두 집 건너에는 이 이야기의 주인공이 살고 있었습니다. 편의상 존이라고 부르겠습니다. 하루는 집에 왔더니 경찰차와 구급차가 존의 집 앞에 서 있었고 존의 아내가 구급차에 실려 가고 있었습니다. 경찰관은 아내의 코뼈를 부러뜨리고 광대뼈를 골절시킨 존을 체포해갔습니다. 하지만 다음 날 풀려나서 집으로 돌아왔죠. 존의 아내는 병원에서 며칠을 더 보내야 했고 그동안 존은 혼자 집을 지키고 있었습니다. 저는 존의 아내가 퇴원하기 전까지 뭐라도 해야 할 것 같은 기분이 들었습니다. 그래서 이웃 남성 두 명과 함께 존의 집을 방문하기로 했죠.

우리가 취할 수 있는 방법은 여러 가지가 있었습니다. 하지만 우리는 존을 협박하거나 위협하려는 게 아니라 애정을 담아 대하고자 했습니다. 존의 집 문을 두드리고 그가 나오자 우리는 이렇게 말했습니다. "우리 동네 남자들은 그런 식으로 행동하지 않아요. 여자들을 그렇게 대하지 맙시다. 존도 우리랑 같은 생각이면 좋겠네요." 그러곤 돌아섰죠. 존은 문을 닫고 들어갔습니다. "당장 꺼져!" 같은 반응은 보이지 않았죠. 존은 그냥 조용히 문을 닫고 들어갔습니다. 존의 표정을 굳이 묘사하자면 수치심에 가까웠습니다. 이후 며칠간 존을 볼 수 없었습니다. 나중에 동네 입구에서 차를 몰고 집으로 향하는 걸 봤어요. 평소였으면 이웃집을 지나치면서 저나 아내에게 손을 흔들어 아는 척했을 텐데, 존은 숨다시피 우리를 지나쳤습니다.

그 후로 몇 주가 지났습니다. 동네 마트에서 마주칠 때면 존은 우리를 피했습니다. 제 생각으론 다른 남성들이 "당신의 행동은 용납할 수 없다"고 말한 결과로 존의 마음속 깊은 곳에서 변화가 생겼기 때문이었습니다. 지금껏 가정 폭력은 개인의 사생활로만 취급되었고 남성들은 프라이버시라는 미명 하에 면죄부를 받았습니다. 하지만 이때 프라이버시의 개념은 결국 '여성은 남성의 소유'라는 인식을 대변하는 것에 지나지 않습니다. 남성 가장이 군림하는 가정 내에서는 남성이 힘과 권력을 갖고 있으며 집안 사람인 여성은 알아서 통제한다는 그릇된 믿음이 덩달아 생기는 것이죠.

여성 폭력은 가정 내에서 벌어지든 아니든 공적인 영역의 문제입니다. 존의 경우 가장 이상적인 시나리오를 생각해보자면 그의 행동에 대해 주변의 모든 사람이 반응을 표하는 것일 겁니다. 월요일 아침 존이 출근하면 직장 동료들이 "당신이 아내를 구타했다고 들었습니다. 여기서 일하는 사람들은 그런 식으로 행동하지 않습니다. 당신이 그런 행동을 멈췄으면 좋겠습니다"라고 말하는 것이죠. 존이 교회에 가거나 절에 가도 그곳의 남성들이 "존, 당신이 우리와 함께 기도하는 건 반가운 일이지만 여기서 활동하는 사람들은 그런 행동을 하지 않아요. 폭력은 멈춰야 합니다"라고 말하고, 존이 친구들과 골프를 치러 갈 때도 티 오프를 준비하며 "존, 다음에 또 폭력을 쓴다면 오늘 라운딩이 너와 함께 치는 마지막 골프가 될 거야"라고 말하는 것이죠. 남성들의 태도를 바꾸는 데에는 이런 반응이 꼭 필요합니다. 이런 반응이 있어야 우리 문화가 바뀝니다. 이런 반응이 있어야 남성들의 사회적 정체성이 개선될 수 있습니다. 여성 폭력 문제는 남성들이 자기 일로 받아들이고 대응해야 할 문제입니다.

시간이 흐르며 ACTM의 활동과 목표는 진화했습니다. 방관자 태도 개선에서 출발했지만 점차 남성성의 모든 측면을 다루게 되었죠. 여성들과 어린 소녀들을 향한 폭력과 차별을 방지하기 위해선 남성들이 남성성을 정의하는 방식부터 언급하는 게 중요합니다. 남성성과 남자다움의 새로운 정의가 필요합니다. 더 건강하고 바람직한, 더 다정한 남성상을 포용해야 합니다. 우리가 새로운 남성상을 널리 알리고 홍보할 때 남성에 의한 가정 폭력과 성폭력, 학대, 호모포비아를 줄이고 예방할 수 있습니다. 우리가 창조하려는 진화한 남자다움의 정의는 이런 해악과 공존하지 못합니다. 우리의 목표는 모든 남성들과 남자아이들이 다정하고 정중하며, 모든 여성들과 여자아이들이 소중하고 안전하게 대우받는 세상을 만드는 것입니다.

그러기 위해서 우리는 사회 유명 인사와 지도자, 영향력 있는 이들이 나서서 남성들을 가르치고, 참여를 유도하며, 남성들 간의 자율적인 대화를 요청해야 합니다. 주변인에게 영향을 미칠 만한 위치에 있는 이들을 섭외하는 건 우리 활동에 필수적입니다. 이들을 통해서 지역 사회 곳곳에 메시지를 전달할 수 있으니까요. 우리는 사회 모든 계층과 영역에 퍼져 있는 남성들을 변화시키고자 합니다. 두 사람 간의 가장 짧은 거리는 직선이듯이 우리는 대화의 주체와 직접적인 소통을 하기 위해 노력하고 있습니다.

제 아들 조시가 제게 찾아와서 남자다움을 정의하는 사회적, 문화적 규범에 도전하는 멋진 시도를 보여준 사건이 있습니다. 조시는 당시 고등학교 1학년이었고 미식축구와 농구에 재능이 뛰어난 운동선수였습니다. 아이는 눈 뜨는 순간부터 모든 것이 스포츠였습니다. 나가서 운동을 하고 있지 않으면 스포츠 비디오 게임을 하거나 ESPN을 보고 있었죠. 어느 날 조시가 제게 와서 자신의 양말을 핑크색으로 염색해줄 수 있냐고 물었습니다. 핑크… 대체 왜 핑크색이지? 남성적인 환경에 둘러싸여 자란 제 아들이 갑자기 왜 핑크색을 찾은 걸까요?

조시는 핑크색 양말을 신고 경기장에 나서고 싶다고 했습니다. 아들은 자기가 숭배하는 NFL 선수들이 유방암 인식 향상의 달(10월)을 맞이해서 핑크색 경기복을 착용하자 그들을 따라 하고 싶었던 것이었습니다. 당시 조시는 유방암 관련 마라톤 대회를 계획한다든지 유방암이라는 질병에 대해 배우고 싶어 하는 것도 아니었습니다. 그저 모든 남자들이 우러러보는 인기 운동선수처럼 되는 데에만 관심이 있었죠.

미식축구 시즌이 끝나자 조시는 농구 시즌 내내 연습 게임과 경기에 핑크색 양말을 신고 나섰습니다. 핑크색 남성 운동복 시장은 현재 10억 달러 규모로 성장했고 조시는 운동복을 구입하러 들린 매장 어느 곳에서도 핑크색 양말뿐만 아니라 핑크색 운동 물품을 살 수 있습니다. 3년이 지난 지금, 조시는 여러 개의 핑크색 운동복을 입고 다닙니다. 우선 핑크색 운동화를 갖

———— 맨박스

고 있고, 조시의 팀 동료들도 핑크색 운동화, 양말, 유니폼을 갖고 있죠. 아주 짧은 기간 내에 우리는 거대한 문화적 도약을 이뤘습니다. 여성스러움의 극치라던 핑크색이 이제 남자다운 색깔로 받아들여지는 것이죠. 남성들이 숭배하는 운동선수들이 '핑크색을 입는 것도 남자다운 것'이라고 모범을 보이자 일어난 변화입니다. 이런 문화적 도약은 큰 노력을 들이지 않고도 가능했습니다. 아주 잘 만들어진 인식 개선 캠페인의 예상치 못한 파장이었습니다. 아예 목표를 세우고 캠페인을 펼친다면 그보다 더 큰 변화도 가능하지 않을까요?

사회적, 문화적 변화를 도모할 때 이 문제의 본질이 남성의 폭력과 여성 차별임을 깨닫는 것은 매우 중요합니다. 평범한 남성들이 이 문제를 스스로 앞장서야 할 문제로 느껴야 합니다. 여성을 위해서 '해줘야' 하는 일이 아니라 말이죠. 우리 사회가 필요로 하는 건 여성들을 위한 구호나 특별한 도움이 아닙니다. 우리가 원하는 건 남성들이 폭력을 쓰지 않는 것입니다. 그러면 안전은 자연히 뒤따라 오니까요.

우리가 원하는 변화의 모습은 이렇습니다. 어떤 남성이 지나가는 여성에게 무례한 말을 하면 주변에 서 있는 남성들이 먼저 불쾌하게 느껴야 합니다. 성차별이 아니라 인종차별을 생각해보면 이해하기 쉽습니다. 한 백인 남성이 친구들과 길을 가는데, (백인인) 친구가 지나가는 흑인 남성에게 깜둥이라며 욕설을 내뱉었다고 상상해보세요. 백인 남성은 친구에게 당장 "야, 너 무슨 말을 그렇게 하냐?" "네가 이런 소릴 하다니 실망이다"라며 질책할 것입니다. 성차별 발언을 대할 때도 마찬가지로 즉각적인 반응을 보여야 합니다.

우리는 이런 사회적 인식 변화가 여성과 여자아이들을 표적으로 한 모든 종류의 폭력에도 적용되었으면 합니다. 여성을 폭행하는 모습이 눈에 들어온 순간, 폭력 행위가 포착된 순간 모든 이가 사회적 인식에 근거해서 행동에 나서길 바랍니다. 이런 변화를 가능케 하려면 전면적이고 지속적인 캠페인, 지역 사회의 진지한 대응, 사회 운동 결집, 법적인 제재 도입과 개개인의 행동에 대한 사회적 기대치가 필요합니다. 그래야만 폭력 행위가 두 성별 사이의 사회적 계약 위반이라는 인식이 널리 퍼질 수 있습니다.

우리가 할 수 있는 또 다른 일은 성차별주의에 대한 인식을 향상하고, 성차별주의가 우리 삶 속에서 어떻게 작용하는지 깨닫는 것입니다. 남성들 스스로 자신이 여성을 대하는 태도와 행동에 더 신경 쓰는 것이 중요합니다. 사회적 변화를 만들겠다는 목표에 충실하고자 한다면 말이죠. 남성들이 갖춰야 할 솔직함의 덕목에는 이 세상을 딸들에게 안전한 곳으로 만들어주기 위해 자신의 행동을 되돌아보는 것이 포함됩니다. 여성 폭력 근절을 위해 노력하는 단체를 지원하는 것도 한 방법입니다. 또한 어린 소년들에게 전통적인 남성성을 중심으로 형성된 사회 규범과 문화적 기대치에 부합하지 않아도 괜찮다는 메시지를 보내는 것이 중요합니다.

우리는 맨박스와 맨박스의 과장된 남성성 기준에서 벗어난 삶을 더욱 관대히 받아들여야 합니다. 스포츠 경기나 군대, 비즈니스 세계에서는 때때로 남자다운 과격함이 필요할 수 있지만, 삶을 살면서는 감정의 가드를 내리고 열린 사고방식을 가질 필요가 있단 점을 이해해야 합니다. 여성들이 제시하는 리더십과 비전을 받아들여도 괜찮다는 인식도 자리 잡아야 합니다. 남성들은 지금까지의 두려움을 떨쳐내고, 연약해져도 괜찮다고 느낄 수 있어야 합니다. 맨박스가 정의하는 남자다움은 너무나 비좁고 한정적입니다. 남성들이 자신의 인격의 모든 면을 받아들인다는 건 그들이 힘들 때 남에게 도움을 요청하는 것, 주변 사람들에게 마음을 터놓는 것, 감정적으로 약한 면을 받아들이는 것, 억지로 강한 척하지 않는 것, 어린 남자아이들에게 울지 말라고 강요하지 않는 것, 슬플 땐 슬픈 감정을 표현하는 것, 여성들과도 우정을 쌓는 것, 이런 모든 것을 뜻합니다. 호모포비아와 이성애 우월주의야말로 맨박스를 단단하게 고정하는 접착제라는 점을 이해하기 바랍니다.

우리는 여성 폭력 근절에 쏟는 노력만큼이나 남성들의 행복을 중요하게 생각합니다. 어떤 식으로든 여성을 지원하는 일을 한다고 하면 그게 결국 남성을 불리하게 만들 것이라는 인식이 일부 남성들 사이에 존재합니다. 여성을 남성과 동등하게 대우하려 노력하는 것이 결국 남성의 사회적 기반을 빼앗아 가는 부당한 처사라고 여기기도 합니다. 하지만 우리는 이런 시각에 전적으로 반대합니다. 토니가 그의 TED 강연에서 말했듯 우리의 기본 신념은 "남성의 해방은 여성의 해방과 직결되어 있다"는 것입니다. 우리는 여성 폭력 문제가 인권의 문제라 믿고 있습니다. 그렇기에 대응 방식 역시 모든 이들이 존중받고 존엄성을 지킬 수 있도록 만들어져야 한다고 생각합니다.